MANUEL

DE

LA POLITESSE

DES

USAGES DU MONDE

ET'

DU SAVOIR-VIVRE

IMPRIMERIE D. DUMOULIN ET Cie

Rue des Grands-Augustins, 5, à Paris.

MANUEL

DE

LA POLITESSE

DES

USAGES DU MONDE

ET

DU SAVOIR-VIVRE

PAR

Madame J.-J. LAMBERT

PARIS

DELARUE, LIBRAIRE-ÉDITEUR

5, RUE DES GRANDS-AUGUSTINS, 5

LE SAVOIR-VIVRE

Appliquez-vous surtout, c'est le grand livre.
A vous former dans l'art du savoir-vivre.
                        J.-B. ROUSSEAU. .

Soyez toujours à la pensée d'autrui, c'est en
cela surtout que consiste le savoir-vivre.
                        BOILEAU.

...... Il parlait comme un livre,
Toujours d'un ton confit en savoir-vivre.
                        GRESSET.

Faire connaître les usages, les convenances, tous les égards de politesse que les hommes se doivent réciproquement dans la société, — c'est le but de ce livre. Son titre l'annonce assez clairement pour dispenser de tous prolégomènes.

Cela dit, nous entrons en matière.

L'ÉTIQUETTE

Il y a deux sortes d'étiquette : l'étiquette de cour et l'étiquette des salons.

L'étiquette des salons, est, à proprement parler, le cachet, l'estampille qui distingue la bonne compagnie. C'est l'ensemble des obligations, des bienséances, qu'elle a cru devoir s'imposer dans les

1

relations sociales, afin de les rendre plus agréables.

L'étiquette préside à tous les salons : sévère, rigoureuse dans quelques-uns, mitigée dans d'autres ; c'est à l'homme du monde qui les fréquente, à consulter ce thermomètre et à régler ses allures en conséquence.

Quant à l'étiquette de cour, elle a disparu avec la monarchie ; elle n'est plus qu'une tradition, qu'un souvenir des temps passés. Mais comme ce souvenir revient souvent encore sous la plume des ennemis de la royauté, comme ils se plaisent à le charger et à le noircir, il est bon de lui restituer ses véritables couleurs. C'est pourquoi, si vous le voulez bien, nous allons nous rendre à Versailles et pénétrer un instant dans les grands et petits appartements.

UNE JOURNÉE DE LOUIS XIV

Nous sommes dans une grande chambre carrée, tendue de soie et d'or, devant un lit resplendissant de velours : c'est la chambre du roi.

Bontemps, premier valet de chambre, qui a passé la nuit, couché sur un lit de camp, auprès de Sa Majesté, est allé s'habiller dans l'antichambre. Il rentre et attend en silence que la pendule ait marqué sept heures, selon la consigne qu'il a reçue. Alors il s'approche du lit, tire les rideaux en disant : « Sire, l'horloge a sonné. »

Et il s'en va aussitôt annoncer le réveil du roi.

C'est le *petit lever* ; ou, suivant l'expression des courtisans : « Il fait petit jour chez le roi. »

La porte s'ouvre à deux battants pour livrer passage au Dauphin et à ses enfants, à Monsieur, et au duc de Chartres, qui viennent souhaiter le bonjour à Sa Majesté et s'enquérir de sa santé.

Le duc du Maine, le comte de Toulouse, le duc de Beauvilliers, premier gentilhomme de la chambre, le duc de la Rochefoucauld, grand-maître de la garde-robe, entrent, suivis du premier valet de la garde-robe et d'autres officiers, qui tiennent les habits du roi.

Le premier médecin et le premier chirurgien sont présents : ils assistent toujours au lever ainsi qu'au coucher.

Bontemps prend une soucoupe de vermeil et verse de l'eau spiritueuse sur les mains du roi. Le duc de Beauvilliers présente le bénitier, et Sa Majesté, après une courte prière, quitte son lit. Le duc lui aide à passer une somptueuse robe de chambre ; M. de Saint-Quentin étale plusieurs perruques aux yeux du roi, qui en choisit une et l'ajuste lui-même. Bontemps lui passe ses chaussons, ses bas, et le duc de Beauvilliers offre de nouveau le bénitier.

Le roi sort de la balustrade qui entoure le lit, et va s'asseoir dans un fauteuil. Il donne l'ordre de la première entrée, ordre que le duc répète à haute voix.

Immédiatement un page introduit ceux qui, par leur charge ou par une faveur toute spéciale, sont admis au petit lever.

En tête figurent les quatre secrétaires : le maréchal de Villeroy, le comte de Grammont, le marquis de Dangeau et M. de Beringhem ; puis viennent Colin et Baurepas, lecteurs de la chambre ; le baron de Breteuil et quelques officiers de la garde-robe, dont ce n'est pas le jour de service ; enfin les gardes de la vaisselle d'or et d'argent.

Voici l'heure de la barbe.

Bontemps tient la glace, Charles de Guignes le bassin ; Saint-Quentin ajuste la serviette et procède à l'opération. Il lave ensuite le visage du roi, d'abord avec une éponge trempée dans de l'eau de senteur, puis avec de l'eau pure : le roi s'essuie.

Pendant que le marquis de la Salle et le marquis de Louvois, tous deux maîtres de la garde-robe, s'occupent de compléter la toilette, le roi ordonne les grandes entrées, autrement dit le *grand lever*. On sait combien cet honneur était ambitionné et recherché des gens de cour.

A mesure qu'un personnage se présentait dans l'antichambre, un des huissiers, le sieur de Rassé, après avoir pris son nom, le transmettait à voix basse au duc de Beauvilliers, qui le répétait au roi. Si Sa Majesté ne faisait aucune objection, l'introduction avait lieu. Ainsi défilèrent successivement maréchaux de France, cardinaux et évêques, gouverneurs de province, présidents de parlements, etc., etc.

Tout à coup l'on entendit frapper discrètement un petit coup, suivi d'un second. Le duc de Beauvilliers s'était à peine détourné pour recevoir le nom du nouveau venu, que la porte s'ouvrait toute

large comme pour un prince du sang. Alors, à la
stupéfaction générale, l'on vit entrer tout de go,
sans être le moins du monde annoncés : — Racine
d'abord, puis Boileau, puis Molière, puis enfin
l'architecte Jules Mansard.

C'était une surprise ménagée par Louis XIV à
tous ces grands seigneurs, si fiers d'être admis en
sa présence. Il voulait leur faire comprendre
que le génie doit marcher de pair avec la naissance
et les plus hautes dignités.

Cependant le roi se trouvait engagé dans les
grands apprêts de sa toilette. Il mit ses bas et
agraffa ses jarretières de diamants. Un officier lui
passa le haut-de-chausses ; un autre mit les souliers. Puis deux pages, magnifiquement vêtus,
enlevèrent les habits que Sa Majesté venait de
quitter.

Le déjeuner est prêt.

Louis XIV ordonne à Racine de s'asseoir à sa
table.

Deux officiers du gobelet apportent le service. Le
Dauphin ôte son chapeau et ses gants, les remet
au premier gentilhomme de la chambre, et donne
la serviette au roi.

Alors, sur un signe, l'écuyer tranchant découpe
les viandes dont un gentilhomme fait l'essai, avant
d'en servir au roi. Quand Sa Majesté manifeste
le désir de boire, l'officier de l'échansonnerie crie
aussitôt : « A boire au roi ! » Et il s'en va prendre
au buffet deux carafes de cristal contenant, l'une
du vin, l'autre de l'eau, et goûte à ce double breu-

vage. Le duc de Beauvilliérs présente à Sa Majesté
une coupe de vermeil dans laquelle elle verse à sa
guise de l'eau et du vin. Et, après avoir bu, elle
reçoit des mains du Dauphin une nouvelle serviette
pour essuyer ses lèvres.

Le déjeuner fini, le roi, à l'aide du marquis de la
Salle et de Bontemps, quitte sa robe de chambre
et sa veste de nuit. Il remet sa bourse à Bontemps,
qui la transmet à François de Belloc, pour être
renfermée dans une boîte, dont celui-ci a la garde
spéciale.

Arrivons maintenant à la cérémonie de la chemise.

L'honneur de la servir appartient de droit à
un fils de France ou, en son absence, à un prince
du sang. C'est donc le Dauphin qui va remplir
encore cette fonction.

Le duc de la Rochefoucauld aide au roi à mettre
sa soubreveste ; puis on apporte la veste, l'épée
et le ruban bleu, avec les croix du Saint-Esprit et
de Saint-Louis. Le duc agraffe l'épée, le marquis
de la Salle soutient l'habit que Sa Majesté endosse,
et lui passe une riche cravate de dentelle qu'Elle
attache elle-même. Enfin le sieur de Saint-Michel
lui présente sur une salve ou plateau d'argent,
trois mouchoirs bordés de points, dont Elle prend
un ou deux.

Le roi repasse alors derrière la balustrade,
s'agenouille et dit une prière. Les cardinaux et les
évêques présents l'accompagnent à voix basse.

On jette une courte-pointe sur le lit, et l'on tire
le rideau en avant et au pied.

Maintenant Louis XIV est prêt à recevoir ceux des ambassadeurs qui en ont fait la demande. Il se place sur un fauteuil, ayant à ses côtés les princes du sang, et près de lui le duc de Beauvilliers, le duc de la Rochefoucauld, et le marquis de la Salle. Ensuite il ordonne qu'on introduise l'ambassadeur d'Espagne.

L'ambassadeur, à son entrée, fait un profond salut; après quelques pas, un second salut aussi respectueux; et, une fois arrivé devant Sa Majesté, un troisième pareil aux deux autres. Louis XIV se lève, se découvre et salue; puis il remet son chapeau et se rassied. Cependant l'ambassadeur, qui a commencé sa harangue, se couvre à son tour, et les princes du sang font de même.

L'audience terminée, l'ambassadeur se retira à reculons, en s'inclinant profondément à trois reprises différentes.

Un lieutenant général, commandant une des provinces du royaume, fut ensuite introduit pour prêter le serment d'office. Ayant remis son épée, son chapeau et ses gants à un officier de la chambre, il s'agenouilla et, les mains placées dans celles du roi, lui jura obéissance et fidélité.

Ce fut la fin de la cérémonie des grandes entrées.

Louis XIV s'était levé en prononçant à haute voix ces mots : « *Au Conseil !* »

Il se dirigea aussitôt vers son cabinet où l'attendaient plusieurs officiers de service, et leur donna ses ordres pour le jour. Il dit à l'évêque d'Orléans,

premier aumônier, qu'il entendrait la messe à midi,
au lieu de dix heures et demie, comme il en avait
eu l'intention ; au marquis de Sivry, son premier
maître d'hôtel, qu'il dînerait dans son appartement
particulier, et souperait au *Grand Couvert* ; à
Bontemps, qui lui présentait sa montre et son reliquaire, qu'il visiterait le jeu de paume ; à l'officier
de la garde-robe, qu'il ferait un tour de promenade
après son dîner, et qu'il revêtirait son manteau.

Sa Majesté alla s'asseoir au bout de la table que
recouvrait un tapis de velours vert. Le Dauphin,
les ministres et autres grands personnages se
rangèrent à ses côtés dans l'ordre hiérarchique. La
discussion commença, et Louis XIV ne laissa passer
aucune affaire sans l'avoir mûrement examinée,
sans avoir exposé et motivé son avis. Ainsi faisait-
il pour toutes les ordonnances qu'il discutait article
par article ; jamais il n'a signé une lettre sans se
l'être fait lire.

Après le Conseil, il se rendit à la chapelle, et,
en passant, donna le mot d'ordre aux gendarmes,
aux dragons et aux mousquetaires.

Pendant la messe les musiciens du Roi exécu_
tèrent un motet composé par l'abbé Robert.

A une heure, le marquis de Sivry, bâton en main,
vint annoncer que le dîner était servi. Le roi y fit
honneur, selon son habitude, car il était doué d'un
robuste appétit.

Après le repas, ayant reçu son manteau des
mains du maître de la garde-robe, il descendit
dans la cour de marbre, au milieu d'une double
haie de seigneurs, rangés de chaque côté de

l'escalier, monta dans son carrosse et se rendit au jeu de paume, où il s'entretint quelque temps avec les ducs de Chartres, de Bourgogne et du Maine.

De là Sa Majesté alla faire sa visite à Madame de Maintenon, et la trouva en grande conversation avec Racine et Boileau. Il s'agissait de l'art théâtral. Racine, qui possédait son sujet à plein fond, l'assaisonna si bien d'anecdotes piquantes, que Louis XIV, pris au charme, faillit oublier l'heure du souper. Il était près de dix heures lorsqu'il sortit pour se rendre au grand Couvert.

A son entrée dans le salon, toutes choses étant disposées, les plats furent dressés à l'instant même. Ayant pris place, le roi dit au Dauphin et aux princes de s'aller ranger à l'autre extrémité de la table, où chacun des augustes convives trouva, debout derrière son siège, un gentilhomme pour le servir.

Après la récitation du *bénédicité* par le grand aumônier, et la présentation de la serviette par le Dauphin, le souper commença. On a vu plus haut le cérémonial en usage pour la distribution du manger et du boire. Ces formalités ne variaient pas. Seulement, au grand couvert, le service était fait par un personnel beaucoup plus nombreux, et l'on y déployait un luxe, un apparat des plus imposants. Quant aux menus, ils étaient toujours composés de même.

Pour le dîner : deux grands potages, deux moyens potages, quatre petits potages, hors-d'œuvre ; — deux grandes entrées, deux moyennes entrées six petites entrées, hors-d'œuvre ; — deux grands plats de rôt, deux plats de rôt, hors-d'œuvre.

A souper, le même nombre de plats, mais deux potages en moins.

Plusieurs morceaux de musique furent exécutés pendant le repas auquel assistait un groupe d'hommes de la cour, de seigneurs, se tenant debout ou occupant des sièges autour de la table.

Le Roi se leva et, après les grâces dites par l'aumônier, passa dans le grand salon. Là, il s'entretint familièrement avec quelques personnes, puis salua les dames, et rejoignit sa famille.

Cependant les préparatifs se faisaient pour le coucher. On apportait la collation de nuit ; on mettait tout en ordre, le fauteuil et la toilette de Sa Majesté.

Minuit sonne !

Le Roi, précédé d'un huissier qui ouvre la foule, entre dans sa chambre : c'est le *grand coucher*.

Il donne son chapeau, ses gants et sa canne au marquis de la Salle, et tandis qu'il détache le ceinturon de son épée par devant, la Salle le détache par derrière. L'épée est placée sur la table de toilette.

Pendant que l'aumônier récite à voix basse des oraisons, le Roi s'agenouille et prie. Ensuite, précédé toujours d'un huissier qui fait faire place, il s'approche de son fauteuil, donne sa montre et son reliquaire à Bontemps, et désigne le duc de

Chartres pour porter le bougeoir, ce qui était, comme on le sait, une très haute faveur.

Sa Majesté enlève alors son cordon bleu et ôte son justaucorps. Puis s'étant assise, Bontemps et Bachelin détachent les jarretières ; deux valets déchaussent chacun un soulier, tirent chacun un bas. Un page de la chambre à droite, un page de la chambre à gauche, lui mettent chacun une pantoufle. Le Roi retire son haut-de-chausses qu'un valet de chambre enveloppe dans une toilette de taffetas rouge. Le Dauphin présente ensuite la chemise de nuit au Roi, qui, après avoir endossé sa robe de chambre, fait une révérence à la compagnie.

Aussitôt l'huissier crie : « Allons, Messieurs, passez. »

La foule s'écoule.

Nous voici au *petit coucher*. Il n'est resté que les princes et ceux qui le matin ont assisté au petit lever. Le Roi, assis sur un pliant, est peigné par un valet de chambre. Le duc de la Rochefoucauld lui présente, sur un plat d'argent, un bonnet de nuit avec deux mouchoirs unis ; le duc de Beauvilliers lui apporte, entre deux assiettes de vermeil, une serviette dont un coin est mouillé, et avec laquelle le Roi se lave et s'essuie le visage.

Sa Majesté donne ensuite ses ordres pour l'heure du lever. Tout le monde se retire. Seul, le médecin et le chirugien demeurent quelques instants. Après leur sortie, le Roi se couche, Bontemps tire les rideaux, visite les portes et se jette sur le lit préparé pour lui dans la même chambre.

Silence profond jusqu'au lendemain.

Voilà ce qui a soulevé si fort la colère des beaux-
esprits de l'école libérale, ce qui a excité outre
mesure leur verve sarcastique. Ils n'ont vu ou
voulu voir qu'une mascarade, là, où se révèle bien
clairement une idée politique profonde, un instru-
ment de règne puissant.

En effet, c'est grâce à l'étiquette, à cette vaste
hiérarchie de rangs, de préséances et de fonctions,
où tout était réglé comme les heures sur un cadran,
mais où chaque heure, chaque minute qui s'écou-
lait, rapportait gros au titulaire, que Louis XIV
tint en haleine toutes les ambitions, toutes les
convoitises, qu'il arriva à avoir toute sa noblesse
dans les mains, et par sa noblesse, le royaume,
si bien qu'un jour il a pu dire :

« *L'Etat, c'est moi !* »

Naturellement cela ne faisait pas le compte de
nos égalitaires ; aussi quand Louis Courier eut écrit :
« L'étiquette est la muraille de Chine des Tuileries
et de Versailles ; elle sépare le roi de son peuple »,
la chose fut aussitôt répétée par les journaux, col-
portée dans toute la France, criée sur tous les
toits. L'esprit tout fait est si facile à faire. En ad-
mettant même que le mot soit spirituel, toujours
est-il qu'il est faux, complètement faux. L'étiquette
n'existait en réalité que pour le cérémonial de
cour ; elle ne visait que les grands et ne s'appliquait
jamais au peuple.

Un grand seigneur, un prince du sang, n'auraient pas été admis à adresser la parole au Roi,

alors qu'il sortait de ses appartements pour se rendre soit à la promenade, soit au conseil des ministres ou ailleurs. Mais voici une pauvre vieille femme qui, un placet à la main, aborde Louis XIV, se rendant à la chapelle de Versailles.

— Retirez-vous, fit brusquement un capitaine des gardes. On ne parle pas au Roi !

— Vous avez tort, on parle au Roi, reprit Louis XIV d'un ton sévère. Cette femme a un placet à me présenter.

Et la faisant approcher, il lui prit des mains sa requête, à laquelle il fut répondu favorablement, le lendemain même. Voltaire qui rapporte le fait ajoute que Louis XIV renfermait les pétitions qu'on lui adressait dans une cassette dont lui seul avait la clef.

Passant seul un matin dans un appartement peu fréquenté du château de Versailles, il y vit un ouvrier qui, monté sur une échelle, détachait une magnifique pendule. Le parquet ciré était très glissant et le Roi, consultant beaucoup plus les lois de l'équilibre, que les règles de l'étiquette, tint le pied de l'échelle pour l'empêcher de tomber. Le plus drôle de l'aventure, c'est que le prétendu ouvrier n'était qu'un hardi voleur, qui emporta la pendule. Le soir, on raconta l'aventure dans les petits appartements, et le Roi en rit tout le premier ; il ordonna même de ne point poursuivre le coupable.

Un jour, le Dauphin, fils de Louis XIV, étant à la chasse, vit une pauvre femme qui tâchait de faire sortir son ânesse d'un fossé où elle était tombée.

Il descendit de cheval et lui aida à remettre l'animal sur pied.

Autre fait :

Le Nôtre, charmé de ce que Louis XIV lui disait de bienveillant et de flatteur pour sa création du jardin des Tuileries, chef-d'œuvre de grandeur et d'harmonie, sauta au cou du Roi et l'embrassa, ce dont les courtisans se montrèrent très scandalisés.

« Laissez faire, dit Louis XIV, le bon le Nôtre est heureux de me voir content. »

Voilà ce qu'était l'étiquette à la cour de Versailles. Aujourd'hui — par ce bienheureux temps de liberté, d'égalité et de fraternité, qui court — nous serions curieux de savoir de quelle façon seraient reçus le jardinier de l'Elysée ou le jardinier des Tuileries, s'ils s'avisaient jamais l'un ou l'autre de sauter au cou de M. le Président de la République ou de M. le préfet de la Seine.

Une très jolie histoire qui nous revient à l'occasion de la cassette du Roi :

Un jour, le 14 mars 1670, Louis XIV reçut un mémoire sur l'utilité qu'il y aurait à convertir l'ancien rempart en un boulevard devant servir de promenade aux Parisiens. L'auteur de ce Mémoire, nommé Louis Pasquier, contrôleur au sel, signalait également quelques abus administratifs et en sollicitait le redressement.

Le Roi que ce rapport avait vivement intéressé, écrivit en marge du Mémoire : *A renvoyer au prévôt des marchands, Claude Le Peletier. — L'auteur ferait un excellent échevin !...*

Malheureusement, Louis Pasquier avait eu la
fâcheuse idée d'adresser une copie de son Mémoire
au lieutenant-général de police. Le magistrat qui
dirigeait alors cette administration, s'appelait
Gabriel Nicolas de la Reynie. C'était un homme de
grand talent, un administrateur vraiment habile,
mais très chatouilleux à l'endroit de ses préroga-
tives. La Reynie examina avec la plus grande attention le document administratif qui lui était soumis.
La lecture achevée, le lieutenant-général de police
prit un papier imprimé, dont il remplit les blancs
avec rapidité.

Voici ce que contenait ce papier, écriture et
imprimé : *L'exempt Sarrazin conduira aujourd'hui,*
17 *mars* 1670, *au For-l'Evêque, le nommé Louis
Pasquier, pour avoir insulté le gouvernement du
Roy.*

Le pauvre écrivain qui traitait dans son Mémoire
des embellissements de Paris, n'était pas un cons-
pirateur bien redoutable. Le trône de France n'é-
tait pas mis en péril par la franchise spirituelle du
contrôleur du grenier à sel, dont toute l'interven-
tion dans la politique s'était bornée à écrire que
Paris pouvait être plus heureusement éclairé et
mieux assaini.

Le lieutenant général n'avait pas été de cet avis,
et le contrôleur méditait dans sa prison sur le
malheur d'avoir déplu à M. de la Reynie, et l'in-
convénient d'avoir mis un peu trop de sel dans un
mets administratif que nos magistrats n'assaison-
nent guère de cette façon.

Heureusement, Louis Pasquier avait pour protecteur et parrain le duc de Gesvres. Etonné de l'absence de son filleul, il en chercha la cause et finit par découvrir qu'il était claquemuré au For-l'Evêque.

A l'instant le gentilhomme alla conter l'affaire à Louis XIV, qui fit mander le lieutenant-général de police.

— Monsieur, qu'avez-vous fait, dit Sa Majesté, d'un nommé Louis Pasquier?

— Sire, répliqua le magistrat, j'ai fait conduire en prison cet *écrivailleur*, pour s'être permis d'insulter le gouvernement de Votre Majesté.

— Entendons-nous, monsieur de la Reynie : serait-ce pour ce Mémoire que vous avez emprisonné son auteur?

— Oui, sire.

— Monsieur le lieutenant-général de police, continua Louis le Grand d'un ton sévère, je vous ai choisi pour faire respecter mon gouvernement, non pour le faire haïr. Le Mémoire de Louis Pasquier est l'œuvre d'un fidèle sujet, d'un homme de talent et de cœur ; mon devoir sera de récompenser celui qu'un faux amour-propre vous a fait punir injustement.— Allez bien vite réparer votre faute, et gardez-vous désormais de tirer sur les soldats du Roi...

De la Reynie s'inclina et sortit.

Le lieutenant général de police se fit conduire dans la rue Saint-Germain-l'Auxerrois, où s'élevait le For-l'Evêque.

— Monsieur Pasquier, vous êtes libre, dit le

magistrat au prisonnier; permettez-moi de vous
reconduire dans mon carrosse à votre domicile.

Le 16 août 1671, le contrôleur au grenier à sel,
l'écrivailleur Louis Pasquier, était élu à l'unani-
mité, moins sa voix, échevin de la bonne ville de
Paris, en récompense du Mémoire qui l'avait fait
emprisonner.

Quelques jours après cette nomination, il y avait
fête à l'Hôtel de ville. Dans le cabinet qui pré-
cède la grande salle des prévôts, deux hommes
parlaient à voix basse; l'un était le lieutenant-général de police, l'autre l'échevin Louis Pasquier.

— Monsieur de la Reynie, dit l'ancien prisonnier
du magistrat, un échevin vaut un lieutenant-général de police, n'est-ce pas?

— C'est selon, maître Pasquier.

— J'ai à vous réclamer le payement d'une dette.
Tenez, reconnaissez-vous ce billet?

— Je ne nie jamais ma signature, répliqua le
lieutenant-général de police.

— Très bien, monsieur; en ce cas, j'espère que
vous viendrez vous acquitter à sept heures du matin, derrière le clos des Chartreux.

— J'y serai avec ce qu'il faut pour cela.

— C'est une galanterie dont je vous tiendrai
compte.

Le lendemain soir, le lieutenant-général de police et l'échevin assistaient au souper du Roi.

— Mais qu'a donc M. de la Reynie pour porter à
chaque instant sa main gauche sur son bras droit?
demanda Louis XIV au duc de Gesvres.

— Sire, peu de chose, une légère piqûre que lui a faite l'échevin Pasquier.

— Maître Louis Pasquier, dit le Roi en s'adressant à l'échevin, allez serrer la main du lieutenant général de police, celle que vous n'avez pas endommagée.

« Rappelez-vous désormais, l'un et l'autre, que je ne vous ai pas fait magistrats pour tirer l'épée, mais bien et uniquement pour utiliser au profit de la ville de Paris vos talents et votre prud'hommie. »

LA POLITESSE

« C'est à la cour de Louis XIV, dit Voltaire, à la société qui s'est formée de son temps que l'Europe a dû la politesse et l'esprit de sociabilité qu'on y a vus régner depuis. »

Louis XIV éleva, en effet, la cour de Versailles à un tel degré de splendeur que l'Europe la reconnut désormais comme l'arbitre du bon goût, des grâces et des belles manières, comme le type, le prototype des bienséances dans le monde. Aujourd'hui même, après deux siècles révolus, quand il s'agit de beau langage, de questions de haute élégance, d'étiquette de cour, de cérémonial diplomatique, Versailles fait encore autorité.

Nous aurons occassion de lui emprunter plus d'un modèle, plus d'un exemple.

La politesse est une façon de s'exprimer ou d'agir qui suppose une culture suivie des qualités de l'âme ou l'art de les feindre ; beaucoup de bonté et de douceur dans le caractère, de finesse, d'esprit, de délicatesse, afin de pouvoir discerner à l'instant ce qu'il y a de mieux à faire, dans telle ou telle circonstance.

Etre affable et prévenant envers tout le monde, ne montrer ni raideur, ni obséquiosité avec ses supérieurs, ni hauteur, ni familiarité avec ses inférieurs, constitue une des obligations de la politesse.

Elle s'impose à nous dans la vie privée comme dans la vie publique, dans les rapports d'intérieur ou de famille, comme dans ceux du dehors.

Entre femme et mari, il existe une politesse qui les unit jusqu'à la fin. C'est un échange nécessaire, indispensable, d'égards et de bons procédés. Veut-on arriver à la somme possible du bonheur domestique ? il faut alors s'astreindre, de part et d'autre, aux mêmes petits soins qu'avant le mariage.

S'il vient à s'élever quelque différend, quelque contestation, que l'on se garde d'en rendre les enfants témoins : ce serait leur donner prise, et compromettre le respect et l'obéissance auxquels ils sont tenus.

Cultivez leur cœur et leur esprit ; inspirez-leur le sentiment des vertus morales ; faites marcher de pair l'éducation et l'intruction, c'est-à-dire, joignez aux connaissances scolastiques celle du savoir-vivre, de l'usage de la bonne compagnie, et ainsi formerez-vous des sujets qui vous feront honneur dans le monde.

LE TUTOIEMENT

C'est une question très controversée que celle du tutoiement.

Un mari et une femme, appartenant au grand monde, pourront bien se tutoyer dans l'intimité, mais jamais devant une tierce personne, et encore moins en public.

Il est encore beaucoup de familles qui persistent à repousser cette circonstance atténuante de l'intimité.

Autrefois, dans la classe bourgeoise et même parmi le peuple, les enfants ne tutoyaient pas leurs parents, et certes ils ne les aimaient pas moins pour cela. Mais vinrent les *Immortels principes*, qui supprimèrent, avec tant d'autres choses, cette marque de respect.

Le *vous* échappa à la guillotine, mais non pas à la proscription. Un traité de politesse présenté à la Convention, porte en toutes lettres :

Article premier. — La politesse de la République est celle de la nature.

Article second. — Il n'y a pas de *vous* dans la République ; tous les citoyens sont des *tu*, des *toi*.

Est-ce assez grotesque ?

Le Vaudeville n'eut garde de laisser échapper cette occasion de bon rire. Nous nous rappelons avoir vu jouer, sous la Restauration, une pièce intitulée *les Trois Innocents*, dans laquelle un des

personnages, se jetant aux pieds de sa maîtresse,
lui disait avec autant d'esprit que de bonheur :

> Je ne connais à vos genoux
> Que *toi* de plus joli que *vous*.

Les partisans, les défenseurs du tutoiement auront beau dire. Il est tout au moins choquant d'entendre un jeune homme de vingt ans tutoyer son
grand-père, vieillard de soixante-dix ou quatre-
vingts ans, ou bien un oncle, une tante du même
âge. L'on rencontre même aujourd'hui des gendres
qui poussent l'oubli des convenances jusqu'à tutoyer leur belle-mère.

Où s'arrêtera le progrès ?

La politesse entre amis est surtout nécessaire.
L'on se voit tous les jours, plusieurs fois même
par jour ; — raison de plus pour apporter dans ces
entrevues une certaine réserve de ton et de manières. Le tutoiement conduit à une grande familiarité, laquelle mène à son tour à des brouilles
plus ou moins fâcheuses.

On fera donc bien de ne se point laisser aller à
cette privauté de langage qui, du reste, n'est pas
une preuve probante d'affection, d'une sincère et
solide amitié. Mme de Sevigné n'a jamais tutoyé sa
fille, et Dieu sait si elle l'aimait ! « Ma fille, aimez-
moi donc toujours, c'est ma vie, c'est mon âme
que votre amitié...

« Je ne puis me représenter d'amitié au delà de
celle que je sens pour vous ; ce sont des terres
inconnues... »

Que d'autres personnages célèbres, qui furent liés entre eux d'une étroite amitié, ne pourrait-on pas citer à l'appui ! Et puis notons qu'il y a danger, et danger sérieux à notre époque, de trop se familiariser. Ce temps est si fertile en naufrages de toute sorte, que l'on s'y trouve exposé à de terribles avaries. Votre ami du jour peut être reconnu, le lendemain, pour un homme tout à fait indigne d'estime.

Quelques conseils pour en finir avec les amis.

Règle générale et sans exception :

Ne prêtez ni n'empruntez jamais d'argent à vos amis, si vous ne voulez pas vous exposer à de fâcheux mécomptes.

« Conduisez-vous avec votre ami, dit un sage de l'antiquité, comme si vous deviez être un jour ennemis, et avec votre ennemi, comme si plus tard vous deviez devenir amis. »

Tout attaché qu'il nous paraisse, le cœur d'un ami peut changer. Mme de Maintenon devait en avoir fait la douloureuse épreuve, lorsqu'elle a écrit ces mots : « On est souvent trompé par des amis de trente ans. »

!!!

LE COSTUME OU VÊTEMENT

Le costume ! cette science qui demande tant d'art et de goût, pour arriver à une simplicité savante, à cette espèce de laisser-aller, qui n'est point le négligé, à ce résultat élégant et harmonieux, qui est presque du génie... Nos pères en avaient bien compris l'importance. Ils en avaient fait un tout complet jusque dans ses moindres détails.

Rappelez-vous ces somptueux habits de velours ou de soie, ces vestes de drap d'or et de toile d'argent ; cette cravate d'un tissu si fin, roulée nonchalamment autour du cou, pour laisser à la tête toute sa grâce et son balancement naturel ; et ces manchettes en points d'Angleterre, ces jabots en point de Venise qui coûtaient jusqu'à mille écus ; et ces chapeaux, empanachés de plumes, avec broderies, galons et diamants ; et la poudre qui faisait la tête si gracieuse, si odorante ; et ces bas de soie à coins brodés, ces souliers à talons rouges et à boucles d'or ; et ces riches épées, à la garde étincelante, si artistement travaillée.

Nous avons remplacé tout cela par une mesquinerie sans nom. Nous avons jeté sur nos épaules un morceau de drap noir — habit ou redingote — qui nous sert pour le salon et la rue, le bal et l'enterrement. Nos jambes, nous les insérons dans un double entonnoir, afin d'en dissimuler les grosseurs ou les indigences. Nos bottes et bottines, bien gentilles, ma foi ! elles nous font un pied en forme de sole. Et le chapeau, ce fameux tuyau de poêle, qui

n'abrite ni du soleil, ni de la pluie, qui écrase la
tête en été, ne la tient pas chaude en hiver, ne
dirait-on pas qu'il a été inventé pour résoudre un
problème d'équilibre sur notre occiput?

N'oublions pas la cravate blanche qui, jointe
à cet accoutrement, nous donne l'air d'un croque-
mort, en deuil de quelqu'un ou de quelque chose.

Qnand on pense que toutes ces belles choses-là
nous sont venues en ligne directe de la perfide
Albion, on serait tenté de s'écrier comme le vieux
Caton : « Delenda est *Albion !* »

Heureusement, nos femmes se sont gardées de
nous suivre dans cette voie du laid et du ridicule.
Elles créent, elles inventent tous les jours et à toute
heure. Elles prennent partout, empruntent à tous
les siècles et à tous les pays. La soie, le velours, le
satin, le cachemire, les dentelles, les étoffes tramées
d'or et d'argent, les diamants et les fleurs, sont par
elles mis à contribution.

Il y a de l'imprévu et de la variété dans la toilette des femmes. Notre costume, à nous, est sté-
réotypé : toujours le même, à part quelques minces
changements, — et le même pour tous !

Avec lui, plus de luxe possible. L'habit d'un
millionnaire ou d'un descendant des Croisés
ressemble à s'y tromper, à l'habit du premier ou
du dernier venu. Allez trouver le tailleur le plus
en renom ; moyennant cent écus, il vous fournira
un habillement complet, tout pareil à celui de M. le
baron de Rothschild ou de M. le président de la
République. Or, quel est le bourgeois, quel est
l'ouvrier, qui, pour cette modique somme, ne voudra

pas se donner la satisfaction d'être mis comme un archimillionnaire, ou comme le chef de l'Etat ?

Oui, avec de l'argent, on peut se passer ce petit luxe de vanité, et mieux encore, se livrer aux fantaisies les plus somptueuses. Mais ce que l'on ne saurait se procurer contre écus, c'est l'élégance et le savoir-vivre. Aussi conseillerons nous aux parvenus de la fortune, ainsi qu'aux parvenus des révolutions, de refaire de fond en comble leur éducation.'

Ils apprendront, avec le temps, à se familiariser avec cette grande existence qui est venue les surprendre tout à coup ; ils arriveront, à la longue, à façonner leur nature commune aux délicatesses et aux belles manières, qui sont chez ceux qui les possèdent le résultat des traditions de famille.

TYPES DE L'ÉLÉGANCE PARISIENNE

De tout temps, en France, un nom plus ou moins fantaisiste a servi à désigner ceux que l'élégance réelle ou la prétention au succès en ce genre, mettaient particulièrement en relief.

On compte une très longue succession de ces types. Les raffinés, les mignons, les muguets, sous Charles IX et Henri III ; les beaux fils, sous la Fronde ; les menins, sous Louis XIV ; les roués, pendant la Régence ; les hommes à bonnes fortunes, sous Louis XV et Louis XVI ; les incroyables, les merveilleux du Directoire ; les fashionables, et les dandys de la Restauration ; sous Louis-Philippe, les lions et les tigres dont nous allons nous occuper.

Puis vinrent, après la révolution de Février, les daims, les gandins, puis les cocodès, puis enfin les gommeux, qui forment aujourd'hui la dynastie régnante.

Cette dynastie se partage en deux branches ; branche ainée — *Haute gomme*; branche cadette, — *gomme*. Jusqu'à présent, elles n'ont produit aucune célébrité marquante. Nous ne nous y arrêterons donc pas plus longtemps, et nous passerons aux *lions et tigres civilisés*.

LIONS ET TIGRES CIVILISÉS

Le mot *lion*, venu du monde anglais, indique un personnage sorti de la ligne ordinaire par ses aventures, ses excentricités, sa beauté, ou simplement par un faste bizarre et hardiment exceptionnel.

Le *tigre* se distingue par un luxe effréné, par sa mise, par son langage, et des manières qui ne sont qu'à lui. C'est un fantaisiste de haute volée, qui se met au-dessus de toutes les convenances sociales.

Bien que l'aristocratie anglaise ait été féconde en tigres, le roi Georges IV et Brumell, surnommé le roi de Bath, sont encore cités comme les spécimens les plus remarquables de l'espèce. Ils luttaient entre eux d'excentricités les plus extravagantes.

Le roi s'avisait-il de porter un pantalon de daim tellement collant, qu'il fallait deux domestiques pour le précipiter dans ce double entonnoir, où il ne pénétrait que par la force d'impulsion : Brumell se faisait coudre le sien (son pantalon) sur place. Si le tigre royal ornait son parc de temples et de mosquées, le tigre domestique mettait le feu à son château pour en chasser les rats. L'un dépensait des milliers de livres sterling pour entretenir des poissons dans un ruisseau bourbeux; l'autre, pour pêcher plus commodément les siens, lâchait les écluses de ses étangs et inondait dix lieues de pays.

Le roi d'Angleterre attachait des fausses queues à ses chevaux; le roi de Bath coupait les oreilles aux siens. Georges IV s'habillait en chef écossais; le beau Brumell arriva à ne pas s'habiller du tout, et se promena un jour dans ce costume adamique à Saint-James-Park.

Cette excentricité fut la dernière.

A quelques jours de là, dans une orgie, le tigre domestiqué osa dire au tigre royal : « Georges, sonnez pour avoir ma voiture ! »

Soit que le tigre royal eût pris, ce soir-là, plus que sa pâture habituelle, soit par toute autre raison, il accueillit fort mal cette innocente familiarité, lui qui en avait toléré d'autres que l'on n'oserait raconter. Sa Majesté féline rompit avec son ami; et quand il devint officiel que le brillant Brumell n'était plus l'heureux émule du roi, la faveur publique l'abandonna.

A cette funeste nouvelle, ses créanciers le

menacèrent de faire saisir ses revenus. Devant un commencement d'exécution, il s'enfuit à Boulogne-sur-mer, mettant ainsi la Manche entre lui et les poursuites de cette sotte espèce d'individus, qui s'imaginent que les dettes sont faites pour être payées! C'est là que s'est éteint le vieux beau, cet astre de la fashion britannique, entouré encore à son coucher des admirations de la foule :

Le tigre s'était fait lion.

Après la mort de Brumell et celle de Georges IV, le trône de la mode demeura vide. Ce fut lord Byron qui s'en empara. Le dandysme anglais conserve encore ses belles traditions de luxe, et le cite comme l'un des plus grands novateurs, l'un des puissants génies en matière de goût et d'élégance.

De 1830 à 1845, trois ou quatre tigres se disputèrent le sceptre, parmi lesquels M. Haine tint le premier rang. Jeunesse, beauté, fortune, il avait tout pour lui. Les journaux n'étaient occupés que de son luxe et de ses prodigalités ; on parlait de sa toilette en palissandre qu'il paya quarante mille francs. Il a longtemps brillé à Paris, où nous le vîmes porter un habit vert-pomme, au printemps de 1825, et un habit feuille-morte, pendant l'automne de la même année.

Il fut remplacé par M. Bayly, que la trop grande splendeur de son luxe rejeta bientôt sur le continent. Quand vint le dernier jour de cette magnifique excentricité, lorsque les membres du jury furent appelés à prononcer sur les droits des parfumeurs, des tailleurs, etc., etc., dont il avait usé et abusé pendant son règne, des mystères incroyables se révélèrent : un seul tailleur (et il en occupait six) produisit un compte d'une année sur lequel figuraient quatre-vingt-quatre habits, — cent vingt-six pantalons, — trois cent cinquante-deux gilets blancs, — trois cent seize idem de fantaisie, — et deux mille trois cent cinquante cravates.

Mais le tigre par excellence, celui auquel toutes les cours de l'Europe ont accordé des lettres de naturalisation, fut assurément le comte d'Orsay, notre compatriote. D'un consentement unanime, on l'a proclamé le plus parfait modèle de l'espèce. Il n'appartenait à aucune école; ses créations, ses inventions fantastiques, déroutaient ses émules aussi bien que ses imitateurs; quoi qu'ils fissent, il était toujours en avance sur eux.

Surpris un jour par un violent orage, il n'eut d'autre ressource pour s'en préserver un peu, que d'emprunter une lourde capote à un invalide de la marine. Il sut si bien assouplir à ses mouvements ce drap grossier et rebelle, et lui imprimer le cachet de sa propre distinction, qu'il en fit un vêtement à la mode.

Le véritable élégant procède de lui-même, il n'attend pas les inspirations de son tailleur.

La vie du tigre est impossible en France. Indépendamment de l fortune fabuleuse qu'en fin de compte il faut se résoudre à y engloutir, elle a des exigences de mouvement et de plaisir, des obliga-

tions forcées, qui ne permettent pas de distraire
la moindre parcelle de son temps pour se livrer à
d'autres occupations, à d'autres préoccupations
que les siennes ; on lui appartient corps et âme,
on s'absorbe, on s'identifie complétement en
elle.

Confessons donc en toute humilité que le tigre
pur sang n'existe pas en France. Contentons-nous
des variétés ou sous-variétés de l'espèce, et des
lions que l'on y a vus fleurir, depuis les dernières
années du XVIII° siècle.

En voici une esquisse assez complète :

Nous avons eu David en costume romain, Garat
avec ses cravates monstres, ses gilets microsco-
piques et ses bottes jaunes. Peut-être aurions-nous
eu *notre* tigre royal, dans la personne de Murat, si
Napoléon n'eût réprimé ses goûts de parure somptueuse et théâtrale.

« Allez mettre votre habit de maréchal de
France, lui dit-il, le jour de l'entrevue des deux
empereurs sur le Niémen ; vous ressemblez à
Franconi. »

Murat s'était présenté, ruisselant d'or sur toutes
les coutures, le chef surmonté d'une toque, avec
force plumes éclatantes et une grosse perle par
devant.

Chodruc-Duclos, dans sa jeunesse, fut un instant assez bon tigre ; mais son règne fut court. Il
passa bientôt aux lions et conserva ce titre jusqu'à sa mort.

Balzac essaya de se classer parmi les tigres, à
l'aide de sa fameuse canne et d'un habit bleu à

boutons d'or. Il eut voiture et groom; il donna des déjeuners fabuleux, endossa trente gilets différents en un mois... Tout cela en pure perte !

LA LOGE DES LIONS

Cette loge, qui a fait tant de bruit, s'est d'abord appelée la *loge des mauvais sujets*. Les dames en particulier ne la désignaient pas autrement, ce qui ne les empêchait pas de lorgner avec beaucoup d'attention tous ceux qui s'y montraient. Or ces jeunes gens, au nombre de huit, ne méritaient pas cette qualification, bien qu'ils affectassent des airs tout à fait *régence*.

Venus parfois au théâtre, après une orgie de limonade ou d'eau sucrée, ils interrompaient la représentation par leurs rires ou leurs conversations à haute voix ; mais le public se montrait si mal disposé à leur égard qu'ils durent changer de rôle. C'est alors qu'ils affichèrent la prétention de remplacer le Coin du roi et le Coin de la reine ; qu'ils se posèrent en juges et arbitres du bon goût. C'est de ce moment là aussi, que les figurantes du corps de ballet leur donnèrent ce nom de *lions* qui leur est resté.

Ils arrivaient pimpants et frais, tirés à quatre épingles, les cheveux artistement bouclés, la fleur à la boutonnière, étalant avec affectation leurs gants sur le devant de la loge, gants glacés, jaune serin, jaune citron, jaune jonquille ; jaune patte-de-canard pour les petits jours.

Parmi eux figurait un journaliste du petit for-
mat, Lautour-Mezeray. Nous le signalons en toutes
lettres, car ce fut un bien grand coupable. C'est lui
qui mit à la mode ces pantalons d'une longueur
et d'une ampleur si disgracieuses. Il est mort préfet d'Alger, sous l'Empire. Dieu veuille avoir son
âme... et ses pantalons !

Le comte Gilbert des Voisins était un des habi-
tués les plus assidus de la loge. Gentilhomme parfait et de haute élégance, don Juan aussi heureux
que prodigue, il savait répandre l'or avec une
délicatesse exquise.

Un jour, ou plutôt un soir, qu'il offrait un bal à
ses amis et aux premiers sujets du chant et de la
danse, au foyer de l'Opéra, il fit circuler sur des
plateaux, en guise de glaces, de boissons chaudes
ou froides, de gâteaux et de bonbons, tout un
assortiment de riches bijoux : broches, boucles
d'oreille, bagues, bracelets ; il y en avait pour
quarante mille francs ! Vous pensez quel bruit cela
dut faire ; le lendemain, il n'était question que de
cela dans Paris.

Une autre fois, il assistait à une soirée chez un
honnête bourgeois du Marais. Dans ce monde, les
choses ne se pratiquent pas précisément comme
au faubourg Saint-Germain. Quand l'heure de se
retirer est venue, on n'entend pas crier : — Les
gens de monsieur le comte ! — les gens de madame
la duchesse ! De grands valets de pied ne se présentent pas, tenant sur leur bras la sortie de bal qu'on
pose sur les épaules, en attendant que la voiture
soit avancée.

Non ! tout se fait beaucoup plus simplement. La *bonne* de la maison apporte les chapeaux, les châles, les socques ou même les chaussons, que l'on a déposés au vestiaire, et chacun reprend son bien, s'il le trouve ; on se couvre, on s'emmitoufle de son mieux, pendant que le maître ou la maîtresse de la maison vous recommande, — suprême attention de son hospitalité ! — de prendre garde au *chaud et froid*. Les trois quarts des invités s'en vont à pied, surtout, si le temps est beau. Par les temps douteux, il y a des files de parapluies en guise de files de voitures. Les plus huppés s'en retournent en fiacre.

Cette simplicité n'empêche pas la grâce et la séduction de s'épanouir en ces modestes logis, tout aussi bien que dans les salons les plus distingués. La beauté a des duchesses dans tous les quartiers et à tous les étages.

C'est sans doute en **vertu de ce** principe égalitaire que le comte Gilbert des Voisins se trouvait dans l'antichambre de cette maison bourgeoise, où il avait été prié à un concert d'amateurs. Il venait d'offrir son bras à une jeune et jolie femme qui ne pouvait retrouver son châle.

Le mari s'impatientait et la tançait de belle sorte : « C'était toujours la même chose !... Elle ne savait jamais où elle mettait ses affaires... son étourderie serait cause qu'il faudrait payer une heure de fiacre, quand une simple course aurait pu suffire... Et patati et patata... »

La pauvre dame au châle, ou plutôt sans châle, souffrait péniblement de ces reproches de mauvaise

humeur, faits en présence du cavalier accompli qui
l'honorait de ses soins, et le trouble où la jetait
son mari paralysait d'autant ses recherches. On y
voyait d'ailleurs fort mal. Dans ces réunions à la
bonne franquette, le salon n'est pas éclairé *a giorno*
et l'antichambre ne possède souvent qu'un quin-
quet fumeux.

« Madame n'y voit pas bien », dit le comte Gilbert, au moment où le mari sans vergogne déplo-
rait les quelques sous de dépense en plus que sa
femme allait lui occasionner. Là-dessus, sortant
de son portefeuille un billet de cinq cents francs,
le gentilhomme le roula entre ses doigts; puis,
l'ayant allumé, il éclaira, de cette torche en minia-
ture, la dame qui retrouva son châle.

Cette allumette de vingt-cinq louis, brûlée à son
intention, éblouit la candide bourgeoise. Elle se
sentit superbement vengée de l'humeur parcimo-
nieuse de son mari; aussi, en descendant l'escalier, la main qui avait tenu l'allumette fut-elle
récompensée par la pression reconnaissante et
émue d'une petite main qui tremblait.

La loge des lions s'ouvrait rarement pour des
dames. Or il advint qu'un jour, —c'était un mardi
gras, — elle se trouva exclusivement occupée par
des femmes. Qu'étaient devenus ses hôtes habituels? où diable avaient-ils passé? Mystère et chu-
chotement général. Cependant la représentation
de *Gustave III* n'en poursuivait pas moins son
cours.

Tout à coup, au cinquième acte, voilà qu'appa-

raissent huit ours se tenant gravement par la
main, ou plutôt par la patte. Ils s'avancent vers la
rampe et saluent le public; puis, se mêlant au
groupe des danseurs, ils prennent part assez gau-
chement au galop général. De temps à autre on
voyait un d'eux lever brusquement la patte de derrière; cette patte, qui n'était pas toujours lancée
en mesure, avait subi le contact un peu rude d'un
pied de figurant.

La plaisanterie n'eût pas été complète si le public n'avait pas su à qui il avait affaire. Voici donc
que nos ours se réunissent en troupe, prennent
leur tête sous le bras, et, tirant de leur manche
un énorme éventail, se mettent à en jouer avec
toute la désinvolture d'une marquise de l'ancien
régime :

Les lions s'étaient faits ours !

Jamais acteurs ne furent accueillis par de plus
vifs applaudissements.

Revenons aux tigres.

L'espèce la plus vivace dans le genre, c'est
encore celle des auteurs et des artistes; mais bien
qu'elle réunisse les physionomies les plus tran-
chées, les penchants les plus bizarres, les barbes
les plus splendides, elle n'offre aucun type complet. On peut citer feu Pradier, le sculpteur, que
tout Paris a pu voir en pantalon de tricot blanc,
et en habit de velours bleu de ciel, ou vert céladon,
pêcher des goujons sur les bateaux amarrés le
long du quai Voltaire.

Eugène Sue ne soutint ses prétentions au titre

de tigre qu'à l'aide de nombreuses chaînes d'or et
de boutons plus nombreux encore, égarés dans les
volutes d'une chemise fantastique. Il ressemblait
à un Mondor de l'ancien répertoire.

Parlerons-nous maintenant de ceux qui essayè-
rent de se singulariser par un déguisement perpé-
tuel? Horace Vernet, qui s'efforçait de ressembler
à un *vieux de la vieille*; Duret, à un Arabe, etc.,
etc. Ces nuances-là échappent à la foule, qui a
besoin d'être frappée profondément par une façon
d'être et d'agir tout à fait exceptionnelle, par des
procédés qui s'adressent à son imagination; la
soulèvent d'étonnement, la séduisent et l'entraî-
nent d'admiration.

Ce n'est qu'à ce prix qu'on peut se hisser à la
hauteur du tigre britannique.

DU SALUT ET DE SON IMPORTANCE

Le salut a une haute importance dans les relations sociales; c'est la pierre de touche qui sert à reconnaître l'homme de bon ton, de l'homme sans éducation.

Le salut se règle d'après l'âge, la condition et le sexe des personnes auxquelles il s'adresse.

Dans la rue, sur les boulevards ou toute autre promenade, saluez le premier les gens de votre connaissance, et n'allez pas calculer la valeur de votre salut. Laissez au faquin, à l'enrichi, au nouveau venu, toutes ces distinctions, ces façons de s'y prendre, qui sont d'un homme mal élevé.

Avez-vous été prévenu dans cet acte de politesse? répondez-y avec empressement, quand bien même il émanerait d'une personne inconnue, que vous ne vous rappelez pas avoir rencontrée dans le monde. Le prince de Condé avait pour principe que l'on doit toujours. rendre politesse pour politesse.

Comme il entrait dans Avignon et qu'il traversait ce beau pont dont la ville est si fière qu'elle en a fait une chanson :

Sur le pont d'Avignon
L'on y danse tout en rond...

le prince reçut de belles révérences de quelques
demoiselles qui le regardaient passer, et y répondit par un salut plein de courtoisie. Un de ses compagnons lui ayant dit :

— Il me semble, Monseigneur, que vous saluez
là des femmes bien légères !...

— Monsieur, répondit le prince, un salut en vaut
un autre, et de la sorte je ne suis pas exposé à ne
pas saluer les honnêtes femmes.

C'était bien dire. Et en ceci il suivait l'exemple
du roi Louis XIV qui ne passa jamais devant une
femme, — fût-elle de la domesticité du château,
sans se découvrir. « Voilà ce qui s'appelle un grand
roi ! » s'écriait Mᵐᵉ de Sévigné, voulant dire par
là un roi bien élevé. En fait de royauté, c'est même
chose.

La question du salut a donné lieu à de nombreuses controverses. On s'en est occupé au Joc-
key-Club, et voici comment elle fut résolue d'un
commun accord :

« A qui incombe, disait-on, l'initiative du salut
lorsque deux hommes, accompagnés chacun d'une
dame, se rencontrent sur les degrés d'un escalier ? »

C'est évidemment à celui des deux qui tient à
passer pour le mieux élevé. C'est de ce principe,
à l'époque où nous sommes, qu'il faut nécessaire-
ment s'inspirer dans les relations du monde.

Il n'existe plus de hiérarchie sociale que dans
les corps constitués ; il ne peut donc résulter pour
personne, en dehors des fonctions officielles,

l'obligation de saluer le premier. L'iniative du salut
résulte du désir de manifester tout à la fois le respect d'autrui et l'oubli de soi.

Autrefois il était de règle que l'homme d'un rang
modeste saluât le premier celui qui appartenait à
une classe supérieure; aujourd'hui aucune prée-
minence n'est imposée par l'organisation sociale.
Il n'y a plus que la supériorité individuelle qui
établisse une différence. Mais comment la déter-
miner, par exemple, entre un avocat, un médecin, un professeur, un millionnaire honnête, un
manufacturier, un armateur, un grand artiste, un
écrivain de renom ou un homme de naissance indé-
pendant par caractère et par position? Nul n'oserait prononcer, tous sont également honorables.

Le manant d'autrefois était tenu de se découvrir
devant son seigneur; aujourd'hui il n'y a plus de
seigneur; plus on a de valeur, moins on doit paraître le savoir. Saluer le premier, c'est faire acte
de dignité et de modestie; c'est faire preuve d'une
certaine abnégation de fierté, et même souvent
d'orgueil, ce qui est de bon goût.

Remarquez bien que sur dix personnes qui se
posent et attendent qu'on prenne à leur égard l'initiative du salut, neuf cèdent à des prétentions non
justifiées, ou bien ce sont des parvenus, des enrichis d'hier, des gens de condition douteuse et qui
veulent se donner un air de rang, une importance
qu'ils n'ont pas. Jamais cette restriction ne se rencontre chez un homme de race et de grande éducation.

Il existe des procédés de convenance entre gens

comme il faut, que le simple bon sens indique et explique sans avoir besoin d'étudier le cérémonial. Ainsi, lorsque deux personnes se croisent dans un escalier, l'une montant, l'autre descendant, celle qui, après avoir pris sa droite, se trouve du côté de la muraille, devra se ranger pour laisser passer l'autre, **plus empêchée,** qui est du côté de la **rampe.**

Pour nous **résumer,** disons que, si deux hommes qui se connaissent et se rencontrent, le mieux élevé sera toujours le plus empressé à saluer le premier.

Si un homme rencontre une femme qui est de sa société habituelle, il saluera le premier; s'il n'est pour elle qu'une simple connaissance, il attendra au contraire, qu'elle le salue.

Et maintenant que cette question du salut est vidée, rappelons quelques faits historiques où il a joué un rôle considérable.

En Suisse, le tyran *Gessler* fait placer son chapeau sur un poteau portant une inscription qu'ordonne, sous peine de mort, à tout passant de s'incliner et de se découvrir devant cet emblème du pouvoir. *Guillaume Tell*, indigné, se révolte et refuse le salut; il en appelle aux armes, renverse le tyran, et assure ainsi par son courageux refus la liberté de l'Helvétie.

Cinq cents ans après, Rossini, qui s'est emparé du sujet, lui a dû son plus beau chef-d'œuvre.

Il est telle famille, riche et puissante aujourd'hui dont la fortune a pour origine un coup de chapeau **donné par** un de ses aïeux. Un roi d'Espagne —

son nom nous échappe — étant un jour à la chasse avec un de ses courtisans, fut contraint de se retirer dans une chaumière pour éviter la pluie qui tombait à torrents. Le toit de la chaumière était en si mauvais état que l'eau passait à travers.

Touché de la situation désagréable de son compagnon, situation à laquelle s'ajoutait encore un rhume très violent, le roi lui dit : *Couvrez-vous !* Le courtisan se couvrit ; et, au retour de la chasse un décret royal lui conféra le titre de Grand d'Espagne, afin qu'il ne fût pas dit qu'un sujet de *Sa Majesté* catholique eût manqué à la *majesté* du trône, avec l'assentiment du roi.

L'on sait jusqu'à quel point Louis XIV poussait la politesse du salut. Le sort lui devait bien de l'en récompenser dignement un jour ; c'est ce qui arriva dans les dernières années de son règne.

Les finances étaient alors complètement épuisées, la France ruinée et aux abois. Déjà la noblesse avait dû vendre son argenterie, et le Roi, le Grand Roi lui-même, était sur le point d'envoyer la sienne à la Monnaie pour subvenir aux frais de sa Maison.

Le contrôleur-général n'ignorait pas la présence à Paris d'un fameux banquier, nommé *Samuel Bernard*, le Rothschild de ce temps-là, et qui jouissait d'un crédit illimité en Europe. Lui seul pouvait sauver le Roi et le royaume ; mais on lui avait si souvent manqué de parole, qu'il ne voulait plus donner ni fonds, ni papier.

En vain Desmarets lui représentait l'urgence, l'excès des besoins de l'Etat ; en vain essaya-t-il de le toucher au cœur avec les grands mots de patrie, du salut du royaume, etc. Un financier ne connaît que les chiffres, il n'est sensible qu'aux signatures et aux endos de bon aloi : — Samuel demeurait inébranlable.

— Cependant, disait Desmarets au roi, il n'y a que lui, que lui seul, qui puisse nous tirer de là; mais il faudrait peut-être que Votre Majesté lui parlât elle-même.

— Eh bien! finit par répondre le Roi, invitez-le de ma part à venir me trouver à Marly, je lui parlerai.

Le lendemain Samuel était présenté au Roi, à la promenade. Louis XIV, du plus loin qu'il le vit, lui *ôta son chapeau* et lui dit :

— Vous êtes bien homme à n'avoir jamais vu Marly... Venez, nous allons le visiter ensemble.

Le banquier rentré chez lui, ne pouvait trouver d'expressions capables d'exalter un prince si bon, si grand, si affable, si généreux, etc. Il courut offrir au contrôleur-général ses caisses, ses billets, son crédit et sa signature sur toutes les banques de l'Europe, ne cessant de répéter à tout venant : « Le grand Roi! il m'a ôté son chapeau !! Ma vie, mes trésors, tous mes biens, sont à lui... Il m'a ôté son chapeau !!! »

Et la France fut sauvée par un **coup de chapeau.**

LA POIGNÉE DE MAIN

Tandis que le salut s'envoie respectueusement à distance, la poignée de main, familière de sa nature, se distribue à bout portant — et à bout de champ.

Elle a cela de commun avec le tutoiement, qu'elle est comme lui un vrai trompe-l'œil. Elle semble dire : « Je suis votre ami, votre ami tout dévoué ». — Eh bien ! ne vous fiez pas trop à cette affirmation ; vous pourriez avoir à vous en repentir.

Autrefois, dans les relations de la vie, la poignée de main jouissait d'une juste considération. Elle avait la force d'un contrat réputé inviolable. L'on se montrait plus fidèle à un engagement pris de la sorte, qu'à un engagement par écrit.

Molière lui reconnaissait ce pouvoir, lorsqu'il fait dire à Gros-René, dans *le Dépit amoureux :*

« Un hymen qu'on souhaite, entre gens comme nous, est chose bientôt faite. Je te veux, me veux-tu ? »

MARINETTE

Avec plaisir !

GROS RENÉ, *tendant la main :*

Touche, il suffit.

Marinette touche et le mariage est conclu ; et cette étreinte l'emportera sur la paille qu'ils veulent rompre et qu'ils ne rrrrompront pas.

Mais alors la poignée de main n'avait rien de commun avec cette chose banale, importée en France par les Anglais, et qui, par sa prodigalité même, a perdu toute valeur.

Dans un certain monde, cet usage a envahi jusqu'au beau sexe ; et c'est d'autant plus à regretter, qu'en dehors de sa familiarité de mauvais goût, il se traduit par un geste très disgracieux. Il est tout au plus tolérable chez une femme d'un certain âge. Au moins peut-il avoir l'air, en pareille circonstance, d'être une preuve de bienveillance et d'affection véritable.

Bonnes et vigilantes mères qui, dans un bal, couvrez votre fille bien-aimée de votre sauvegarde, qui suivez avec une attentive sollicitude tous ses mouvements, veillez bien au contact magnétique, à cette étreinte de deux mains qui se parlent et se répondent à la muette, qui, grâce à l'agitation de la contredanse, et surtout à l'emportement du *galop*, peuvent se dire sans que personne l'entende : « Je vous aime ! — M'aimez-vous ? »

Mères prudentes, surveillez le langage des mains !

LES VISITES

Les visites sont un des devoirs les plus importants de la société.

Il y a deux sortes de visites : les unes obligatoires, les autres que l'on rend de son plein gré et à ses heures.

Au nombre des premières il faut ranger :

1° Les visites de digestion qui ont lieu dans la huitaine, à la suite d'un déjeuner ou d'un dîner prié. Si un motif quelconque vous empêchait de remplir ce devoir, excusez-vous par lettre.

2° Avez-vous accepté une invitation à un grand bal ou à une grande soirée? vous êtes tenu à rendre visite, dans les huit jours, à la personne qui vous a fait cette politesse.

3° Apprenez-vous qu'un événement heureux est arrivé à un de vos amis ou une personne de votre connaissance? Visite de félicitation. Le plus tôt est le mieux.

4° Les visites de condoléance pour témoigner de la part qu'on prend à la mort de quelqu'un, se font aux amis intimes, le jour même de l'enterrement; pour toute autre personne, quinze jours au plus.

5° Les visites de noces doivent être rendues dans la quinzaine au père et à la mère qui vous ont

invité à la bénédiction nuptiale de leur enfant.
Vous attendrez la visite des nouveaux mariés pour
la leur rendre.

6° Les visites du jour de l'an ont lieu le jour
même, pour les père et mère, oncle et tante, frère
et sœur aînés ; c'est la veille que l'on va voir les
grands parents.

Inscrivez votre nom chez vos supérieurs, ou
déposez votre carte.

On a les huit premiers jours de janvier pour
faire sa visite à ses amis, et la quinzaine pour les
personnes moins intimes.

Telles sont les règles à suivre, si l'on veut conserver de bonnes relations.

Maintenant est-il nécessaire de dire qu'une
toilette soignée, pour les hommes comme pour les
femmes, est de rigueur? Assurez-vous donc bien de
celle qui est adoptée pour le quart d'heure, sans
quoi vous vous exposeriez à vous trouver en faute.
L'on est si friand d'innovations en France, que
tout y change souvent du soir au matin : — Modes
et gouvernement.

Il est généralement reçu dans la Société de ne pas
faire de visites avant trois heures, et après six heures.

Arriver trop tôt, ce serait courir le risque de
gêner la maîtresse de la maison dans les apprêts
de sa toilette ; et trop tard, de la déranger également-
ment. Un peu de répit est toujours nécessaire
avant le dîner. En outre, il est bon de ne pas se
donner l'air d'un parasite en quête.

Règle générale : Ne dérangeons jamais personne

à l'heure de son dîner, et encore moins pendant son dîner.

Le maréchal de Thémines en fit l'épreuve un jour qu'il était allé rendre visite à un surintendant des finances. Il fut reçu de fort mauvaise grâce et à peine reconduit.

— Vous m'excuserez, Monsieur le maréchal, lui dit le financier, si je ne vous accompagne pas jusqu'à votre carosse, mais vous savez, il est l'heure *dînatoire*.

— Il est vrai, Monsieur, répliqua le maréchal; et de plus, la rue est fort *crotatoire*.

Autre preuve :

Henri II, prince de Condé et père du grand Condé, s'était rendu à la Ferté-Milon pour y affermer une de ses terres, la terre de Muret. Il était midi, quand le prince se présenta en habit de voyage chez le tabellion de l'endroit, Me Arnould Cocault. Arnould dînait, et sa femme, qui était sortie de table, se trouvait sur le pas de la porte, attendant que le garde-notes eût fini son repas.

Le prince demanda maître Arnould.

— Y *daine*, répondit la chère femme,

— Mais ne pourrait-on pas lui parler?

— Y daine; et quand Arnould daine, on ne l'y parle pas.

Le prince insiste :

— Je vous dis que non, encore une fois; il faut qu'Arnould daine; assisez-vous sur c'banc, en attendant.

Le dîner terminé, le prince est enfin introduit et

dit au tabellion de dresser un bail pour la terre de Muret.

— Vous êtes le fondé de pouvoirs?

— Oui.

— Vos nom et prénoms?

— Henri de Bourbon.

— Henri de Bourbon! — Vos qualités?

— Prince de Condé, premier prince du sang, seigneur de Muret.

Le tabellion, tout abasourdi, se jeta aux pieds de Son Altesse, excusant de son mieux sa femme et lui, de leur ignorance et de leur erreur.

— Il n'y a pas de mal, s'écria le prince en riant : « Il faut qu'Arnould daine! »

L'aventure passa de bouche en bouche, et donna lieu au proverbe qui est encore resté dans le pays. Quand on est forcé d'attendre, on se dit en manière de consolation :

« *Il faut qu'Arnould daine!* »

Revenons à notre sujet :

Vous vous présentez dans un salon. Le maître et la maîtresse, ou seulement l'un des deux, vous reçoivent. Après les salutations d'usage, vous vous informez de leur santé et de celle de la famille. C'est le préliminaire obligé de toute visite comme de toute rencontre à la ville; — formule banale, si l'on veut, mais très commode évidemment pour entrer en conversation.

Si, au contraire, lorsque vous arrivez, plusieurs personnes sont déjà réunies au salon, faites une très légère inclination de tête, et allez droit au maître ou à la maîtresse du logis. Vous leur adressez un salut particulier, et vous tournant aussitôt vers le demi-cercle formé par la compagnie, vous vous inclinez de nouveau, mais silencieusement.

Ne quittez pas votre chapeau à moins d'une nécessité absolue, auquel cas vous le poserez à terre ou sur une chaise, — jamais sur un meuble.

Vous pouvez être déganté d'une main; mais ne partez pas sans avoir remis votre gant.

Lorsqu'après un laps de temps convenable, vous jugez à propos de prendre congé, retirez-vous discrètement et sans attirer l'attention.

Dans une réunion quelconque où la foule est nombreuse, on peut à la rigueur s'éclipser. Le procédé est un peu leste; mais il est toléré, grâce à son estampille britannique. Cela s'appelle le *Départ à l'Anglaise.*

A l'Anglaise! mot véritablement magique, qui comprend tout, qui explique tout, qui dispense de tout aujourd'hui. Déjà, sous Louis XV, le prononçait-on.

Un jour que le Roi se rendait à Marly, un jeune seigneur de sa suite trottait à la portière, sur un cheval très fringant. La bête, avec ses soubresauts, lançait de la boue jusque dans l'intérieur de la voiture. Alors Sa Majesté se penchant quelque peu en dehors, cria à l'écuyer.

— Vous me crottez, Monsieur!

Mais notre anglomane, tout entier à sa nouvelle manière de monter à cheval, crut que le roi l'en félicitait et répondit aussitôt :

— Oui, sire ! *A l'Anglaise !*

Quand vous vous levez pour prendre congé, si vous êtes seul, laissez-vous reconduire jusqu'à la porte du salon, mais pas au delà. Dans le cas où votre hôte insisterait, cédez de bonne grâce, afin de couper court à ses façons cérémonieuses ; ne vous exposez pas à renouveler, — quoique dans des proportions minuscules, — la lutte que soutint le duc de Coislin.

Le duc passait à juste titre pour le modèle le plus complet de l'homme de cour, sous Louis XIV. C'est à ce point que sa politesse était devenue proverbiale. Il arriva cependant qu'il eut affaire un jour à quelqu'un de même force que lui.

Un ambassadeur étant venu lui rendre visite, le duc le voulut reconduire jusqu'à la rue. Refus et prière de l'ambassadeur. Insistance acharnée du duc. Si bien que l'ambassadeur, voyant qu'il n'aurait pas le dernier mot, prit le parti de fermer à double tour la porte du vestibule, et d'empêcher ainsi M. de Coislin d'aller plus loin.

Jamais renard pris au piège ne fut plus stupéfait. Comment se sortir de là ? Le duc s'y perdait, lorsqu'une idée lui traversa le cerveau. Il ouvre la fenêtre de l'antichambre, et ne trouvant pas l'espace à franchir trop considérable, il saute dans la rue, court au carrosse de l'étranger, et s'y présente encore assez à temps pour le saluer une dernière fois avant qu'il ne soit monté sur le marchepied.

— Eh ! Monsieur le duc, c'est donc le diable qui vous a porté ici ?

— C'est le respect que je vous dois, Monsieur l'ambassadeur, répondit M. de Coislin, et pas autre chose.

— Mais vous avez déchiré vos chausses ; hélas ! vous seriez-vous blessé ?

— N'y prenez pas garde, je vous prie ; il suffit que je vous aie rendu mes devoirs. Mais souvenez-vous une autre fois de ne plus vous opposer à mes désirs.

M. de Coislin s'était démis le pouce de la main droite en sautant par la fenêtre. Louis XIV ayant appris la chose, envoya son chirurgien Félix.

Après un pansement assez douloureux, le duc voulut faire honneur au praticien et le reconduire jusqu'aux escaliers. Celui-ci s'y refusa naturellement, et les voilà aux prises, tirant la porte, l'un par la clef, l'autre par la serrure. M. de Coislin se démit de nouveau le pouce, et il fallut procéder immédiatement à une seconde opération, plus douloureuse que la première.

L'excès en tout est un défaut, comme le dit un vieil adage.

LA CARTE DE VISITE

Cette petite monnaie de convention, qui sert à nous alléger dans nos obligations si nombreuses, ne laisse pas que d'avoir une importance relative très réelle. Il faut donc savoir la placer à propos

Dans les occasions où la carte peut tenir lieu
d'une visite personnelle, on devra la remettre
soi-même, en la marquant d'une petite corne au
coin.

Immédiatement après avoir reçu une invitation
pour un bal ou une grande soirée, on portera sa
carte, ou on l'enverra par un domestique, chez la
personne qui nous a fait cette gracieuseté.

Ce n'est qu'au nouvel an qu'il est permis
d'adresser sa carte par la poste, sous enveloppe.
Les uns en mettent autant qu'il y a de personnes
dans la famille ; d'autres se contentent d'une seule :
d'autres enfin plient la carte par le milieu, ce qui
veut dire qu'elle est pour toute la famille.

A cette époque du renouvellement de l'année,
il faut envoyer sa carte non seulement à ses amis,
mais à tous ceux avec qui l'on a entretenu des
rapports dont on n'a eu qu'à se louer. Cela ne vous
dispensera pas, pour la plupart d'entre eux, de la
visite de rigueur ; mais on vous en saura très bon
gré.

Rappelons-nous toujours que si l'on fait attention aux cartes qu'on reçoit, on fait beaucoup
plus encore attention à celles qu'on ne reçoit
pas. Bien des gens ont eu à se repentir de l'avoir
oublié, et il est de bonne pratique, en toute circonstance, d'observer les obligations consacrées
par l'usage.

LA PRESENTATION

Encore un usage qui nous **vient de l'Angleterre.**
Quousque tandem, etc. ?

On sait que nos aimables voisins ne se parleraient
pas de toute une soirée, avant d'avoir été l'un à
l'autre présentés. Plutôt mourir, plutôt sécher d'en-
nui sur place, que de manquer à cette cérémonie.
Etonnez-vous après cela des ravages du spleen, du
nombre des victimes qu'il fait chaque année à Londres. Ce sont autant de présentations manquées,
autant de présentations rentrées.

Voici le rite suivi en pareille circonstance :

Un élégant, un gommeux — appelez-le comme
vous voudrez — arrive, flanqué d'un sien ami.
Après les salutations d'usage, il le présente à la
maîtresse de la maison.

— Madame la baronne, mon ami intime, monsieur de ***.

La baronne s'incline gracieusement et avec un
sourire aimable :

— Monsieur !...

Nouvelle révérence respectueuse du récipen-
diaire, qui répond :

— Madame !...

Quelquefois, on allonge ce *discours* ; on l'agrémente d'une formule banale empruntée à la civilité puérile et honnête :

— Je suis enchanté, ou je suis très reconnaissant Madame, de l'honneur que vous voulez bien me faire, etc.

Elle répondra :

— Votre nom, Monsieur, ne m'est pas inconnu ; je l'ai souvent entendu prononcer chez madame de ***, etc.

Et tout est dit : voilà qui est fait.

Il n'en allait pas ainsi autrefois.

Un gentilhomme se présentait bien différemment. Tout d'abord il avait envoyé un message pour solliciter la faveur d'être reçu. Puis, au jour fixé, il arrivait en habit de gala. Après une révérence des plus décentes et des plus gracieuses, — car l'on apprenait alors la politesse du corps, des bras et des jambes, de la tête et des yeux, — il s'approchait de la dame, lui prenait la main, qu'il portait respectueusement à ses lèvres, puis il lui adressait un compliment des mieux tournés. Alors, c'était une affaire d'Etat que le compliment ! Chacun s'y escrimait de son mieux, chacun y voulait raffiner.

Convenons que les *monsieur* et *madame* d'aujourd'hui sont bien plus expéditifs et surtout plus faciles à débiter. Cela met la présentation à la portée de tout le monde. Et, par ce temps de démocratie qui déborde, de très prochain avénement des nouvelles couches, la précaution n'est pas inutile.

En attendant, il faut se conformer aux règles établies. Si donc, après votre réception, on vous a invité à revenir, remettez ou faites remettre votre carte, le lendemain même, en ayant soin de la marquer d'une petite corne, ou de la plier par le milieu.

Une présentation qui eut dans le monde un grand succès d'esprit, est celle du marquis de Jaucourt à Louis XVIII. Elle se rattache à une aventure tragi-comique, arrivée quelque temps avant la première révolution, et qui caractérise bien la différence des mœurs galantes de l'ancien régime avec celles de nos jours.

Le marquis de Jaucourt était beau et très aimable de sa personne, mais de cette beauté mélancolique et douce qui l'avait fait surnommer à la cour *Clair de Lune*. Bien venu de la duchesse de La Châtre, dont il était le chevalier assidu, un soir, à une heure assez avancée de la nuit, il dut la quitter par suite du retour inopiné du duc.

Pour ne pas déranger les gens de la duchesse, le marquis avait appris à manœuvrer le ressort d'une petite porte située au bout du parc. Mais, pressé comme il l'était de disparaître au plus vite, il négligea la précaution indispensable, et la porte en se refermant, saisit et arrêta net au passage un de de ses doigts.

Quelque vive que fût la douleur, elle n'était rien comparativement au cruel embarras où se trouvait placé le marquis. Impossible d'appeler à son aide..., c'eût été compromettre la duchesse. Que faire alors? M. de Jaucourt se posa la question et l'eut bientôt résolue. « Quand on ne peut pas dénouer le nœud, se dit-il, il ne reste qu'à le trancher. » Et tirant aussitôt son épée, il se coupa le doigt à la jointure demeurée prisonnière.

Grâce à ce sacrifice, le marquis croyait bien avoir sauvé la situation moralement. Mais il avait compté sans le jardinier, qui, en faisant sa tournée du matin, aperçut et ramassa ce débris sanguinolent.

— Mon Dieu ! s'écria notre homme tout effaré, Qu'est-ceci? Qu'a-t-il bien pu se passer céans? Quelque lutte assurément, entre voleurs et assassins qui n'auront pas pu s'entendre.

Et tout aussitôt il courut, la pièce de conviction en main, conter la chose au duc de La Châtre.

A la vue de ce doigt bien blanc, à ongle rosé, le duc comprit tout de suite que ce n'était ni à sa bourse, ni à sa vie, qu'on en voulait. Mais pour ne point se trahir aux yeux du jardinier, il abonda dans son sens, exagéra même sa frayeur, et, après l'avoir généreusement récompensé, il le congédia en lui recommandant le secret le plus absolu.

Le duc tenait à garder pour lui le mot de l'énigme qu'il avait parfaitement devinée.

La révolution éclata. Le duc et la duchesse émigrèrent, et convinrent entre eux de divorcer. M. de Jaucourt, qui était resté leur ami, épousa la duchesse.

Puis vint la Restauration. Le marquis ayant sollicité d'être présenté à Louis XVIII, le hasard voulut que, le jour même de la présentation, le duc de La Châtre fût de service auprès de Sa Majesté. C'était donc à lui qu'incombaient les fonctions d'introducteur ; et voici la façon spirituelle dont il s'y prit :

— Sire, dit-il, je présente au roi le mari de ma
femme.

Louis XVIII, malgré son humeur peu joviale, ne
put s'empêcher de rire, et les assistants firent de
même. Le mot eut un grand succès et fut répété
le soir, de bouche en bouche, au cercle du roi et
des princes.

C'est que l'esprit était tenu alors en grande estime,
à la cour aussi bien que dans la haute société.

LES SALONS

JADIS ET AUJOURD'HUI

De l'esprit, il y en a toujours beaucoup en France ; mais il est dispersé, abandonné à lui-même ; il se dépense en petite monnaie. Ce qui lui manque, ce sont ces centres de réunion, ces foyers d'autrefois, où il venait se former, se polir au contact de l'intelligence, du génie et de la beauté, et où il rencontrait des modèles de perfection en tout genre.

Depuis bientôt un siècle, nous assistons à la ruine continue de toutes les distinctions sociales ; et les femmes, malheureusement, n'ont pas été épargnées dans le naufrage.

« Le glas de la haute société a sonné, disait un jour le prince de Talleyrand à un personnage de l'Empire, et le premier coup qui a tinté est votre mot moderne de *femme comme il faut* !... »

Le prince avait raison. En effet, cette femme, venue de la noblesse ou de la bourgeoisie, pourra bien réunir le bon goût, la grâce et la distinction, en être proclamée l'oracle, et donner ce que l'on appelle le ton ; mais il lui manquera toujours ce cachet particulier, ce parfum de délicatesse, qui ne se rencontraient que dans le monde de la cour. Il en est de même pour les hommes. Demandez aux vieillards à qui il a été donné de voir les derniers types du grand seigneur et de la grande dame de Versailles, et dites-vous bien que leur admiration n'est pas exagérée.

Un des salons où se réunissaient de préference ces débris de l'ancienne cour, était celui de la princesse de Vaudemont, si spirituelle, si bonne, si parfaitement distinguée, que ces qualités morales faisaient oublier en elle les disgrâces physiques. Elle portait, en Montmorency, dans sa personne aussi bien que dans ses armes. Là venaient les Montmorency, les Noailles, les Grammont, les Vaudreuil, les Mouchy, les Polignac, les Louvois, les Maillé, les La Châtre, les Jaucourt, etc., tous les grands noms de la monarchie.

Il y avait le salon de madame la comtesse de Vaudreuil, où se trouvaient la plupart de ces personnages. Le comte de Vaudreuil, malgré son âge, rappelait on ne peut mieux le type de l'homme de l'ancienne cour. D'un dévouement à toute épreuve, il eut un jour une discussion assez vive avec le comte d'Artois. Il lui écrivit presque aussitôt pour lui exprimer la peine qu'il ressentait d'être ainsi brouillés après trente ans d'amitié.

— Tais-toi, vieux fou, lui répondit le prince ; tu as perdu la mémoire, car il y a quarante ans que je suis ton meilleur ami.

Il y avait aussi le salon de madame de Montcalm, sœur du duc de Richelieu. C'était le rendez-vous de l'aristocratie intelligente, ce groupe modéré et pratique de l'aristocratie, qui acceptait les conquêtes de la Révolution dans ce qu'elles avaient de bon et de raisonnable, qui prenait l'honneur national pour drapeau, et pour devise — l'égalité par le talent. Là, se rencontraient presque tous les jours MM. Lainé, Molé, Pasquier, Pozzo-di-Borgo, l'ambassadeur de Russie, l'abbé de Féletz, Villemain, etc., etc.

Chez madame la duchesse de Duras, l'élément aristocratique dominait, mais toutes les sommités de l'intelligence y étaient parfaitement accueillies. C'était un temple où brûlait sans cesse une cassolette en l'honneur de Chateaubriand. Madame de Duras s'était fait en quelque sorte le machiniste passionné de la politique et de la gloire de son ami.

Dans le salon de madame de Saint-Aulaire, la littérature tenait plus de place que la politique. Toutes les intelligences, toutes les célébrités y avaient accès, sans acception de partis. Le duc Decazes, le comte Beugnot ; MM. Villemain, Cousin, de Barante ; les amis du prince de Talleyrand et la belle duchesse de Dino. Des libéraux, des doctrinaires, étaient les hôtes habituels de ce salon, où affluaient aussi un grand nombre de jeunes et jolies femmes, élégantes et lettrées.

Citons également le salon de la duchesse de Broglie, fille de madame de Staël. C'était le foyer de l'opposition parlementaire et des sympathies orléanistes. L'on y coudoyait Lafayette, Benjamin Constant, des tribuns, des publicistes, des pamphlétaires ; on eût dit d'un salon de la Ligue, où l'on jouait à la popularité, comme les enfants jouent avec le feu.

On recevait chez madame Gay, où trônait déjà sa fille, la belle Delphine, qui fut plus tard madame Emile de Girardin, et dont vers ce temps et à son insu, quelques personnages de la cour voulaient unir, par un mariage secret, l'éblouissante jeunesse à la vieillesse mélancolique du comte d'Artois, resté fidèle à la mémoire de la marquise de Polastron.

MM. de Lamartine, Victor Hugo, Balzac, Nodier, Alfred de Vigny, Mérimée, Sainte-Beuve, de Girardin, — nous en passons — s'y rencontraient côte à côte avec les débris du Directoire, dont les entretiens n'étaient pas moins curieux qu'instructifs.

Le salon de madame Récamier mérite une place à part, en raison de sa célébrité et du rôle considérable qu'il a tenu pendant près de quarante ans. Pour s'en rendre compte, il faut lire dans Lamartine le récit des *Soirées de l'Abbaye-au-Bois*. En voici un fragment qui, certes, est un des beaux morceaux de la langue française.

Après avoir passé en revue la vie de son héroïne, l'auteur conclut par les réflexions suivantes :

« Ainsi tout finit, et les toiles d'araignées tapissent maintenant les salons vides ou brillèrent naguère toute la grâce, toute la passion, tout le génie de la moitié d'un siècle.

« Quand je repasse par hasard dans cette grande rue suburbaine et tumultuaire de Sèvres, devant la petite porte de la maison ou vécut et mourut Ballanche, je m'arrête machinalement devant la grille de fer de la cour silencieuse de l'abbaye, sur laquelle ouvrait l'escalier de Julienne. Je regarde et j'écoute si personne ne monte ou ne descend encore les marches de cet escalier.

« Voilà pourtant, me dis-je à moi-même, ce seuil qu'ont foulé tous les jours, pendant tant d'années, les pas de tant de femmes charmantes, de tant d'hommes illustres, aimables ou lettrés, dont les noms, groupés par l'histoire, formeront bientôt la gloire intellectuelle des cinq règnes sous lesquels la France a saigné, pleuré, gémi, chanté, parlé, écrit ; tantôt libre, tantôt esclave, mais toujours la France, l'écho précurseur de l'Europe, le réveille-matin du monde.

« Voilà ce seuil que Chateaubriand, vieilli et infirme de corps, mais valide d'esprit et devenu tendre de cœur, foula deux fois par jour pendant trente années de sa vie ; ce seuil qu'abordèrent tour à tour Victor Hugo, d'autant plus respectueux pour les gloires éteintes qu'il se sentait plus confiant dans sa renommée future ; Béranger qui souriait trop malignement des aristocraties sociales, mais qui s'inclinait plus bas qu'aucun autre devant les aristocraties de Dieu : la vertu, les talents, la beauté ;

« Mathieu de Montmorency, le prince de Léon, le duc de Doudeauville, Sosthène de Larochefoucauld, son fils, Camille Jordan, leur ami ; M. de Genoude, une de leurs plumes apportant dans ces salons les piétés actives de leur foi ; Lamennais, dévoré de la fièvre intermittente des idées contradictoires, mais sincères, dans lesquelles il vécut et

mourut, du oui et du non, sans cesse en lutte sur
ses lèvres ; M. de Frayssinous, prêtre politique,
ennemi de tous les excès et prêchant la modération
dans ses vérités, pour que la foi ne scandalisât
jamais sa raison ;

« Madame Swetchine, maîtresse d'un salon religieux tout voisin de ce salon profane, élève du
comte de Maistre, femme virile, mais douce, dont
la bonté tempérait l'orthodoxie, dont l'agrément
attique amollissait les controverses, et qui pardon-
nait de croire autrement qu'elle, pourvu qu'on fût
par l'amour au diapason de ses vertus ;

« L'empereur Alexandre de Russie, vainqueur
demandant pardon de son triomphe à Paris, comme
le premier Alexandre demandait pardon à Athènes
ou à Thèbes ; la reine Hortense, jouet de fortunes
contraires, favorite d'un premier Bonaparte, mère
alors bien imprévue d'un second ; la reine détrônée
de Naples, Caroline Murat, descendue d'un trône,
luttant de grâce avec madame Récamier dans son
salon ; la marquise de Lagrange, amie de cette
reine, quoique ornement d'une autre cour, écri-
vant dans l'intimité, comme la duchesse de Duras,
des nouvelles, des poèmes féminins, qui ne cherchent leur publicité que dans le cœur ;

« Madame Desbordes-Valmore, femme saphique
et pindarique, trempant sa plume dans ses larmes
et chantée par Béranger, le poète du rire amer ;
madame Tastu, aux beaux yeux maintenant aveu-
glés, auxquels il ne reste que la voix de mère qui
fait son inspiration ; madame Delphine de Girardin,
ne disputant d'esprit qu'avec sa mère, disputant de

poésie avec tout le siècle, hélas ! morte avant la
première ride sur son beau visage et sur son esprit ;

« La duchesse de Maillé, âme sérieuse, qui faisait penser en l'écoutant ; son amie inséparable, la
duchesse de Larochefoucauld, d'une trempe aussi
forte, mais plus souple de conversation ; la princesse de Belgiojoso, belle et tragique comme la
Cinci du Guide, éloquente et patricienne comme
une héroïne du moyen-âge de Rome ou de Milan ;
mademoiselle Rachel, ressuscitant Corneille devant
Hugo et Racine devant Chateaubriand ;

« Liszt, ce Beethowen du clavier, jetant sa poésie à gerbes de notes dans l'oreille et dans l'imagination d'un auditoire ivre de sons ; Vigny, rêveur
comme son génie trop haut entre ciel et terre ;
Sainte-Beuve, caprice flottant et charmant que tout
le monde se flattait d'avoir fixé et qui ne se fixait
pour personne ; Emile Deschamps, écrivain exquis,
improvisateur léger quand il était debout, poète
pathétique quand il s'asseyait, véritable pendant
en homme de madame de Girardin en femme, seul
capable de donner la réplique aux femmes de cour,
aux femmes d'esprit, comme aux hommes de génie ;

« M. de Fresnel, modeste comme le silence, mais
roulant déjà à des hauteurs où l'art et la politique
se confondent dans son jeune front de la politique
et de l'art ; Ballanche, le dieu Terme de ce salon ;
Aimé Martin, son compatriote de Lyon et son ami,
qui y conduisait sa femme, veuve de Bernardin de
Saint-Pierre et modèle de l'immortelle Virginie : il
était le plus cher de mes amis, un de ces amis qui
vous comprennent tout entier, et dont le souvenir

est une providence que vous invoquez, après leur disposition d'ici-bas dans le ciel ;

« Ampère, savant aussi profond que brillant écrivain ; Brifaut, esprit gâté par des succès précoces et par des femmes de cour, qui était devenu morose et grondeur contre le siècle, mais dont les épigrammes émoussées amusaient et ne blessaient pas ; de Latouche, esprit républicain qui exhumait André Chénier, esprit grec en France, et qui jouait, dans sa retraite de la Vallée-aux-Loups, tantôt avec Anacréon, tantôt avec Béranger, tantôt avec Chateaubriand, insoucieux de tout, hormis de renommée, mais incapable de dompter le monstre, c'est-à-dire la gloire.

« Enfin, une ou deux fois, le prince Louis-Napoléon, entre deux fortunes, esprit qui ne se révélait qu'en énigmes, et qui offrait avec bon goût l'hommage d'un neveu de Napoléon à Chateaubriand, l'anti-napoléonien converti par popularité.

« L'oppresseur, l'opprimé n'ont que même asile ; moi-même enfin, de temps en temps, quand le hasard me ramenait à Paris.

« A ces hommes retentissants du passé et de l'avenir se joignaient, comme un fond de table ou de cheminée, quelques hommes assidus, quotidiens, modestes, tels que le marquis de Sérac, le comte de Belisle ; ceux-là personnages de conversation et non de littérature, apportant dans ce salon le plus facile des caractères, une amabilité réelle et désintéressée, ce que l'on appelle les hommes sans prétention.

« C'était la tapisserie des célébrités, le parterre,

juge intelligent de la scène, souvent plus dignes d'y figurer que les acteurs.

« Et maintenant, célébrités politiques, célébrités littéraires, hommes de gloire, hommes d'agrément, femmes illustres et charmantes, acteurs de cette scène ou parterre de ce salon, qu'est-ce que tout cela est devenu, depuis le jour où un modeste cercueil, couvert d'un linceul blanc et suivi d'un cortège d'amis, est sorti de cette grille de l'Abbaye-au-Bois?

« Chateaubriand, qui s'était préparé depuis long-temps son tombeau, comme une scène éternelle de sa mémoire, sur un écueil de la rade de Saint-Malo, dort dans son lit de granit battu par l'écume vaine et par le murmure aussi vain de l'Océan breton; Ballanche repose, comme un serviteur fidèle, dans le caveau de famille des Récamier, couché aux pieds de la morte à laquelle il n'aurait pas voulu survivre!

« Ampère voyage, pareil à l'esprit errant, des déserts d'Amérique aux déserts d'Egypte, sans trouver le repos dans le silence ni l'oubli dans la foule, et rapportant de loin en loin dans sa patrie de la science, de la poésie, de l'histoire, qu'il jette comme les fleurs de la vie, sur le cercueil de son amie.

« Les Mathieu de Montmorency dorment dans une terre jonchée des débris du trône qu'ils ont tant aimé; le sauvage Sainte-Beuve écrit, dans une retraite de faubourg qu'il a refermée jeune sur lui, des critiques quelquefois amères d'humeur, toujours étincelantes de bile, *splendida bilis* (Horace);

il étudie l'*envers* des évènements et des hommes, en se moquant souvent de l'*endroit*, et il n'a pas toujours tort, car dans la vie humaine l'endroit est le côté des hommes, l'envers est le côté de Dieu.

« Hugo, exilé volontaire et enveloppé, comme César mourant, du manteau de sa renommée, écrit dans une île de l'Océan l'épopée des siècles auxquels il assiste du haut de son génie.

« Béranger a été enseveli, comme il avait vécu, dans l'apothéose ambiguë du peuple et de l'armée, de la République et de l'Empire!

« Le prince Louis-Napoléon, rapporté par le reflux d'une orageuse liberté qui a eu lâchement peur d'elle-même, règne sur le pays qui s'était confié à son nom, nom qui est devenu depuis Marengo jusqu'à Waterloo, le dé de la fortune avec lequel les soldats des Gaules jouent sur leur tambour le sort du monde, la veille des batailles!

« Et moi, comme un ouvrier levé avant le jour pour gagner le salaire quotidien de ceux qu'il doit nourrir de son travail, écrasé d'angoisses et d'humiliations par la justice ou l'injustice de ma patrie, je cherche en vain quelqu'un qui veuille mettre un prix à mes dépouilles, et j'écris ceci avec ma sueur, non pour la gloire, mais pour le pain!... »

Avril 1860.

A cette liste des salons marquants de la Restauration, l'on pourrait en ajouter bien d'autres qui furent, pour la jeunesse d'alors, autant d'écoles vivantes où elle se formait à la vie politique et littéraire, en même temps qu'aux traditions élégantes du monde.

Toutes les supériorités s'y rencontraient, sans acception de partis, de condition sociale. Le mérite et le talent y marchaient de pair avec le blason. C'est ainsi qu'aux soirées du comte de Chabrol, préfet de la Seine, et aux fêtes de l'Hôtel-de-Ville, on voyait les écrivains en renom, les hommes éminents dans les arts et dans les sciences, mêlés et confondus avec les premiers personnages de l'État.

Il en était de même chez le duc d'Aumont, un des quatre premiers gentilshommes de la chambre du roi, cordon-bleu, grand d'Espagne, etc. Ses bals et ses concerts réunissaient l'élite de la population parisienne. Une particularité de très bon goût les faisait rechercher avec fureur : ainsi, à côté des grandes dames de la cour et de la ville, on voyait figurer les grandes dames du théâtre.

Mesdames Malibran, Pradher, de l'Opéra-Comique, mademoiselle Noblet, à la danse si suave et si décente ; mademoiselle Cinti-Montaland, qui fut depuis madame Cinti-Damoreau, etc., s'y montraient dans tout l'éclat de leur beauté et de leur talent, et les femmes les plus titrées les accueillaient et les traitaient d'égales à égales.

Si nous insistons de nouveau sur ce point, c'est à cause des accusations sans cesse renouvelées contre la prétendue arrogance de l'ancienne aristocratie et contre l'étiquette de cour. Voici un dernier fait qui fera justice de ces attaques ridicules :

Le duc de Berry avait contracté l'habitude, pen-

dant l'émigration, de souper tous les ans, le soir
de sa fête, chez le comte de Vaudreuil. Cette habitude continua après le retour de la famille royale
en France, et chaque année la comtesse prenait
soin d'arranger une soirée qui pût amuser le
prince.

Sachant qu'il désirait entendre Garat, elle invita
l'artiste à venir chanter chez elle. A cette époque,
Garat, qui commençait à vieillir, avait épousé une
jeune personne dont la voix était fort belle ; et tous
deux, étant sans fortune, vivaient de leur talent. En
conséquence, il est inutile de dire qu'ils avaient
été rémunérés d'avance très largement, et plus inutile encore d'ajouter qu'ils chantèrent à ravir l'un
et l'autre.

Le concert fini, le duc s'aperçut que Garat se
disposait à partir.

— Est-ce que Garat ne soupe pas avec nous?
demanda-t-il à la comtesse.

— Monseigneur, répondit-elle, je n'ai pas osé
prendre sur moi de l'inviter à la table de Votre
Altesse Royale.

— Allons donc, reprit vivement le prince, je ne
veux point de ces choses-là; je vais l'inviter moi-
même.

Et s'approchant de Garat, qui tenait son chapeau
à la main :

— Est-ce que vous ne nous restez pas, monsieur
Garat? lui dit-il avec une aimable familiarité. Quand
on chante comme vous venez de le faire, avec une
voix aussi jeune, on est loin de l'âge où c'est un

besoin de se coucher de bonne heure ; et puis, je vous avertis que nous garderions Madame.

Garat et sa femme prirent place à table, et furent pendant tout le repas, l'objet des attentions les plus courtoises de la part du prince. Garat s'en montra profondément touché ; il rappelait souvent le fait dans ses conversations, et toujours avec une émotion nouvelle.

La révolution de Juillet vint jeter une grande perturbation dans le monde parisien. Elle lui enleva toutes ses notabilités, toutes les personnes de distinction qui se faisaient remarquer par cette délicatesse de ton élégante, par cette dignité simple et naturelle qu'on ne rencontrait qu'à la cour des Bourbons de la branche aînée.

Les héros de Juillet n'étaient pas précisément des héros de salon. Ils ne brillaient ni par l'élégance, ni par le savoir-vivre. C'est à ce point que, dans les premiers temps, on en vit beaucoup se présenter aux Tuileries dans un négligé de toilette singulier vraiment remarquable. Ils y venaient en redingote, pantalon de couleur, cravate item, et bottes crottées.

Les aides-de-camp de Louis-Philippe qui remplissaient alors les fonctions de chambellans, furent obligés — ceci est à la lettre — d'établir au bas du grand escalier, des décrotteurs en permanence. Et ce n'est pas sans peine qu'on obtenait de ces étranges visiteurs de se laisser approprier, tout au moins par les pieds.

Disons, à leur décharge, qu'ils pouvaient en

quelque sorte se croire autorisés à ce laisser aller
par l'exemple même de Louis-Philippe.

Sans parler des poignées de main devenues
légendaires, le roi-citoyen, dans ses façons d'être
et d'agir, poussait la simplicité jusqu'à l'oubli
complet de la Majesté royale. Il se donnait en
spectacle sur le balcon du Palais-Royal, il s'y montrait, entouré de ses enfants, jeunes filles vêtues
de blanc, jeunes princes revenant du collège.
Puis, comme intermède, il chantait la *Parisienne*
ou la *Marseillaise*, aux applaudissements réitérés
de la multitude.

Dans la rue, on le rencontrait, coiffé d'un chapeau gris émaillé d'une cocarde tricolore, portant
son parapluie sous le bras, comme un bon bourgeois du Marais. Ce qui fit dire à l'ambassadeur
d'une grande puissance étrangère, qu'il eût mieux
valu abolir tout de suite la royauté que de la
rabaisser ainsi aux yeux du peuple.

Il faut bien le reconnaître, un gouvernement a
quelque ressemblance avec le *théâtre* ; il commet
toujours une faute en négligeant la mise en scène.
Du reste, toutes ces concessions faites en vue de flatter
la vanité des masses, de conquérir leur sympathie
et leur appui, ne servirent à rien. Elles ne sauvè-
rent pas plus le trône de Juillet, au jour du danger,
que le développement donné par lui aux intérêts
matériels et à la prospérité publique.

C'est de cette époque que date l'ère des affaires
et de l'agiotage. Un goût de luxe et de bien-être
excessif, et par contre un besoin impérieux d'argent, se répandirent dans toutes les classes. *Enri-*

chissez-vous! avait dit, dans un banquet fameux, le ministre dirigeant du règne. Le mot fut à l'ordre du jour; il devint le guide des consciences, le but de tous les efforts. Nos mœurs, déjà fort entamées, en reçurent une funeste atteinte; elles s'altérèrent profondément sous l'action dissolvante de cette fièvre de l'or.

Puis éclata la révolution de Février, qui livrait la Société aux mains de la démocratie. L'air malsain de la rue pénétra dans les appartements, et en chassa ce qui restait encore de l'élégance et de la courtoisie françaises.

Muselée par Napoléon III, la démocratie reparut triomphante au 4 Septembre. Depuis lors, elle n'a cessé de grandir, de s'étendre comme une lèpre : c'est assez dire où en est aujourd'hui la politesse. En vain quelques âmes d'élite ont tenté de lui ouvrir un dernier refuge. Les lundis de madame de Blocqueville, les jeudis académiques de madame d'Haussonville, les raoûts intimes de madame de Janzé, les réceptions de madame Drouyn de Lhuys et de la princesse Lise de Troubetzkoi, n'avaient pas d'autre but que de recueillir les épaves de ce qui fut autrefois le monde. On sait le sort qu'ont eu ces tentatives.

La démocratie a tué le règne des femmes et des salons.

Elle n'a que faire d'élégance et de belles manières, qui la gêneraient dans ses allures. Pour elle le savoir-vivre consiste en ceci : s'affranchir de toutes les bienséances publiques et privées, parler un langage qui n'est rien moins que parfumé;

en un mot agir à sa guise, sans le moindre égard
pour les convenances d'autrui.

Telle est la note dominante du jour.

Cependant, les grandes traditions de l'ancienne
Société subsistent encore chez quelques familles,
qui les gardent très soigneusement, comme ces
conserves de fruits excellents qu'on renferme dans
des boîtes, pour les soustraire à l'influence de l'air
du dehors.

LA CONVERSATION

En tuant les salons, la démocratie a tué du même
coup la conversation, et privé la société de son
charme le plus puissant. Le mélange de toutes les
classes a fait du monde un assemblage confus,
hétérogène, un pêle-mêle inextricable. Quel rap-
prochement, quels entretiens sont possibles désormais entre gens de condition toute différente, qui
n'ont reçu ni la même instruction, ni la même éducation ? Il n'en peut résulter que des contacts, des
froissements d'amour-propre tout à fait désagréa-
bles, — témoin l'aventure suivante arrivée dans
un bal de la cour, en 1834 ou 1835.

Une jeune femme charmante, mariée depuis peu
à un lieutenant-général, avait été invitée à valser
par un capitaine de la garde nationale. Elle venait
de lui donner la main, lorsqu'elle reconnut en lui
un de ses fournisseurs attitrés. Une subite rougeur
couvrit son visage, mais il était trop tard pour

dégager sa parole. Déjà le coup d'archet avait retenti, et les groupes tourbillonnaient.

Piquée au vif d'un tel manque de savoir-vivre, elle résolut d'en punir l'auteur. En conséquence. après quelques tours de valse, elle feignit de se trouver indisposée, et demanda à son cavalier de vouloir bien la reconduire à sa place. Quel fâcheux contre-temps pour la vanité de notre homme! En vain s'efforça-t-il de retenir sa charmante partenaire, de lui prouver que l'agitation même de la valse ferait disparaître ce malaise passager.

— Non, répondit-elle, je souffre trop.

—Mais où souffrez-vous, Madame ?

— Eh ! mon Dieu, capitaine, ne voyez-vous pas que vous m'avez fait ma chaussure beaucoup trop juste ?

Après l'aventure du *Cordonnier pour dames,* celle du *Changeur* du Palais-Royal :

Un sergent de la garde nationale avait été invité au château, à son tour de légion. Il ne manquait jamais, quand cette bonne fortune lui arrivait, de se poser gracieusement devant le maître de la maison et de lui sourire avec une bienveillance affectée. Ce manège s'étant renouvelé à diverses reprises, pendant la soirée, l'auguste amphytrion voulut en avoir le cœur net. Il s'approche du sergent-major et l'interroge sur ce qui peut lui valoir ses politesses réitérées.

Celui-ci, sans se déconcerter, répond aussitôt:

— Sire, nous sommes de vieilles connaissances. C'est chez moi que, depuis dix ans, Altesse Royale ou Majesté, vous envoyez chaque mois changer vos pièces d'or contre des pièces de cent sous...

Le roi se mordit les lèvres et tourna le dos.

Que si l'on demande maintenant :

« Comment en *vil argent* l'or pur se changeait-il? »

Nous dirons que le Trésor public avait l'habitude de payer en or la Liste Civile. Et comme il y avait à réaliser sur le change un bénéfice assez rondelet, le roi des Français n'avait garde d'y manquer, tous les 30 ou 31 du mois.

Ce fut à l'hôtel de Rambouillet, dit l'historien de Mme de Maintenon, que naquit réellement la conversation : cet art si charmant, dont les règles ne peuvent se dire, qui s'apprend à la fois par la tradition et par un sentiment de l'exquis et de l'agréable ; où la bienveillance, la simplicité, la politesse nuancée, s'étiquette même et la science des usages, la variété des tons et des sujets, le choc des idées différentes, les récits piquants et animés, une certaine forme de dire et de conter, les bons mots qui se répètent, la finesse, la grâce, la malice, l'abandon, l'imprévu, se trouvent sans cesse mêlés, et forment un des plaisirs les plus vifs que les esprits délicats peuvent goûter.

Essayons d'indiquer, tout au moins par aperçu, ce qu'était la conversation du XVIIe siècle. Généralement on s'en fait une fausse idée ; on croit que, soumise aux exigences d'une inflexible étiquette, elle était gourmée et solennelle. On va voir qu'il n'en est rien et qu'elle se distingue, au contraire, par une grande liberté d'allure et de mouvement.

Le marquis de Vardes est rappelé de son gouvernement d'Aigues-Mortes, à la suite d'un exil de vingt ans.

Après une première entrevue, raconte Mme de Sévigné, le Roi fit appeler le Dauphin et le présenta comme un jeune courtisan. M. de Vardes le reconnut et le salua. Le Roi lui dit en riant :

— Vardes, voilà une sottise; vous savez bien qu'on ne salue personne devant moi.

— Sire, je ne sais plus rien, j'ai tout oublié; il faut que Votre Majesté me pardonne jusqu'à trente sottises.

— Eh bien! je le veux, dit le Roi; reste à vingt neuf...

Et tout se passe sur ce ton de liberté et d'agrément.

Partons maintenant pour Saint-Cyr; allons voir jouer *Esther*.

Nous voici dans la compagnie du Roi, de Mme de Maintenon, de Mme de Sévigné, du maréchal de Bellefond, etc., etc.

Il s'agit d'une première représentation; et l'on peut juger à la manière dont en parlent ses augustes auditeurs, combien leur langage diffère de celui des feuilletons d'aujourd'hui, du ton du monde actuel.

« J'en fus charmée, écrit Mme de Sévigné, et le maréchal de Bellefond aussi, qui sortit de sa place pour aller dire au Roi combien il était content, et qu'il se trouvait auprès d'une dame qui était bien digne d'avoir vu *Esther*.

· Le Roi vint vers nos places et, après avoir tourné, il s'adressa à moi et me dit :

— Madame, je suis assuré que vous avez été contente.

Moi, sans m'étonner, je répondis :

— Sire, je suis charmée ; ce que je ressens est au-dessus des paroles.

Le Roi me dit :

— Racine a bien de l'esprit...

— Sire, il en a beaucoup, mais en vérité les jeunes personnes en ont beaucoup aussi ; elles entrent dans le sujet comme si elles n'avaient jamais fait autre chose.

— Ah ! pour cela, reprit-il, il est vrai.

Et puis Sa Majesté s'en alla, et me laissa l'objet de l'envie.

Comme il n'y avait que moi de nouvelle venue, le Roi eut plaisir de voir mes sincères admirations sans bruit et sans éclat. M. le Prince et Mme la Princesse vinrent me dire un mot. Mme de Maintenon un éclair ; elle s'en allait avec le Roi. »

Quel goût dans cette *admiration sans bruit et sans éclat !*

Remarquons d'abord que l'auteur de ce délicieux compte-rendu ne se livre à aucune théorie sur la tragédie ou sur l'art scénique. Rien n'empêchait, cependant, Mme de Sévigné de citer, avec toute l'autorité voulue, Sophocle, Euripide, ou Lopez de Vega.

Ensuite, pas d'exclamation, pas d'épithète admirative. « *Elle est charmée* », c'est tout.

Racine a bien de l'esprit, dit le Roi. — *Il en a beaucoup*, répond Mme de Sévigné.

Pas d'étonnement de leur part. N'est-ce pas parce qu'ils se sentent naturellement de plain-pied avec le génie? Nous soupçonnerions fort Racine, s'il ressuscitait, d'être plus flatté de cet éloge sec que des dissertations prolixes et exaltées faites depuis sur ses œuvres.

Aujourd'hui, veut-on complimenter un auteur sur le succès de sa pièce? on y dépense plus de transports que n'en excitèrent de leur temps Corneille et Racine.

Et les artistes donc! comparez les applaudissements frénétiques et les couronnes dont on les accable, avec cet éloge si simple, si concis, et qui pourtant dit tout :

« Les jeunes personnes entrent dans le sujet, comme si elles n'avaient jamais fait autre chose. »

N'est-ce pas à nous, plutôt qu'au XVII° siècle, qu'on pourrait adresser le reproche d'emphase?

Ce langage simple et naturel était tellement dans les habitudes de la Société d'alors qu'on ne s'en départait même pas en traitant les affaires les plus sérieuses. Ecoutons ce récit.

Le Roi fit appeler dans son cabinet le maréchal de Bellefond, dont il connaissait les embarras extrêmes.

— Monsieur le maréchal, lui dit-il, je veux savoir pourquoi vous voulez me quitter. Est-ce dévotion, envie de vous retirer à la Trappe? ou bien serait-ce l'accablement de vos dettes? si c'est ce dernier motif, **j'y veux** donner ordre et entrer dans le détail de vos affaires.

Le maréchal fut **sensiblement touché** de cette générosité.

— Sire, répondit-il, ce sont mes dettes : Je suis abîmé. Je ne puis voir souffrir quelques-uns de mes amis qui m'ont assisté et que je ne puis satisfaire.

— Eh bien! ajouta le Roi, il faut **assurer leurs** créances ; je vous donne... etc.

Voilà certes qui fait honneur à la bonté de Louis XIV ; mais voici qui n'est pas moins à l'honneur du caractère du **maréchal,** chargé du poids de sa reconnaissance.

Quelque temps après, le Roi parla de nouveau au maréchal. Il lui dit que son intention était que dans la prochaine campagne, il obéît à M. de Turenne, sans que cela toutefois pût tirer à conséquence.

Le maréchal, sans demander du temps et chercher à voiler son refus, répondit qu'il ne serait point digne de la haute faveur que Sa Majesté avait bien voulu lui conférer antérieurement, s'il se déshonorait par une obéissance sans exemple.

Le Roi le pria fort bonnement de bien peser ses paroles, ajoutant qu'il attendait cette preuve de son amitié, et qu'il la désirait d'autant plus vivement qu'il y allait de sa disgrâce.

Le maréchal répliqua qu'il voyait bien qu'il perdait les bonnes grâces de Sa Majesté et sa fortune, mais qu'il s'y résignait plutôt que de perdre son estime. Il ne pouvait se placer sous les ordres de M. de Turenne, sans compromettre la dignité dont le Roi avait daigné l'investir.

— Alors, monsieur le maréchal, il faut se séparer.

Le maréchal fit une profonde révérence et sortit.

« Il est abîmé, mais il est content, ajoute Mme de Sévigné, et l'on ne doute pas qu'il ne se retire à la Trappe. »

En présence de ce sentiment de la dignité personnelle poussé jusqu'à l'abnégation complète de la fortune, les réflexions naissent en foule. Que la balle serait belle à renvoyer à tous ces gens qui, prosternés et aplatis aux pieds de la plèbe, osent parler encore de la servilité des courtisans!

Nous ne pouvons mieux finir ce court exposé de la conversation au XVIIe siècle que par le passage suivant extrait d'une étude de Sainte-Beuve sur le maréchal de Villars. C'est un modèle achevé de ce beau langage de la cour dans lequel Louis XIV était passé maître :

« Villars, en 1712, n'allait plus avoir affaire qu'au seul prince Eugène, et la Cour aussi devait lui laisser plus de liberté d'action. Louis XIV, en le recevant à Marly, dans le courant de mars, au plus fort de tous ses deuils de famille, lui avait dit ces paroles qu'il faut savoir gré au maréchal de nous avoir textuellement conservées :

« Vous voyez mon état, monsieur le maréchal. Il y a peu d'exemples de ce qui m'arrive, et que l'on perde dans la même semaine son petit-fils, sa petite-belle-fille et leurs fils, tous de grande espérance et très aimés. Dieu me punit, je l'ai bien mérité. J'en souffrirai moins dans l'autre monde. Mais suspendons mes douleurs sur les malheurs domestiques, et voyons ce qui se peut faire pour prévenir ceux du royaume.

« La confiance que j'ai en vous est bien marquée, puisque je vous remets les forces et le salut de l'État. Je connais votre zèle et la valeur de mes troupes : mais enfin la fortune peut vous être contraire. S'il arrivait ce malheur à l'armée que vous commandez, quel serait votre sentiment sur le parti que j'aurais à prendre pour ma personne?...

« Je sais les raisonnements des courtisans : presque tous veulent que je me retire à Blois et que je n'attende pas que l'armée ennemie s'approche de Paris, ce qui lui serait possible si la mienne était battue. Pour moi je sais que des armées aussi considérables ne sont jamais assez défaites pour que la grande partie de la mienne ne pût se retirer sur la Somme. Je connais cette rivière : elle est très difficile à passer; il y a des places qu'on peut rendre bonnes.

« Je compterais aller à Péronne ou à Saint-Quentin y ramasser tout ce que j'aurais de troupes, faire un dernier effort avec vous, et périr ensemble ou sauver l'État; car je ne consentirai jamais à laisser approcher l'ennemi de ma capitale. Voilà comme je raisonne : dites-moi présentement votre avis. »

Sainte-Beuve fait suivre ces paroles de Louis XIV, aussi touchantes qu'héroïques, des observations qui suivent :

« Notez bien une distinction très essentielle, selon

moi. Si Louis XIV nous paraît un peu auguste et solennel, il était naturel aussi, il n'était jamais emphatique, il ne visait pas à *l'effet*. Dans le cas présent, ces paroles du grand Roi sont d'autant plus belles qu'elles lui sortaient du cœur et n'étaient pas faites pour être redites. Et on en a la preuve particulière :

« Lorsqu'en 1714 Villars fut nommé de l'Académie française et qu'il fit son discours de réception, il eut l'idée de l'orner de ces paroles généreuses de Louis XIV, à lui adressées avant la campagne de Denain, et qui l'y avaient enhardi. Il demanda au Roi la permission de les citer et de s'en décorer. Le Roi rêva un moment et lui répondit :

« On ne croira jamais que, sans m'en avoir demandé la permission, vous parliez de ce qui s'est passé entre vous et moi. Vous le permettre et vous l'ordonner serait la même chose, et je ne veux pas que l'on puisse penser ni l'un ni l'autre. »

« Ce n'est pas Louis XIV, ajoute Sainte-Beuve, dont certes le jugement n'est pas suspect, qui manquera jamais à une noble et délicate convenance. Tout s'ajoute donc, et même une sorte de modestie, pour rendre plus respectable et plus digne de mémoire le sentiment qui dicta ces royales et patriotiques paroles. »

Nous accusera-t-on de partialité quand nous dirons à notre tour que rien n'est plus noble et plus véritablement patriotique, que ce langage de Louis XIV? Il y a des sentiments et des idées que que l'on ne commente pas, parce qu'ils parlent assez d'eux-mêmes à tous les cœurs, à tous les esprits.

Bornons-nous à ajouter que Louis XIV avait soixante-treize ans quand il manifestait ainsi sa résolution de combattre avec Villars et de périr avec lui, s'il ne sauvait l'Etat. Le grand Roi avait donc bien raison de dire : *L'Etat, c'est moi!*

Il prouva en cette mémorable circonstance, qu'il ne faisait qu'un avec la nation, qu'il s'était complètement identifié avec son honneur et sa gloire.

DE L'A-PROPOS

L'à-propos tient une place brillante dans la conversation. C'est une fusée qui part soudain, et illumine le discours ou la situation d'une douce et agréable lumière.

Vaugelas travaillait au Dictionnaire de l'Académie, lorsque le cardinal de Richelieu lui accorda une pension. Il vint pour l'en remercier.

— J'espère, dit le cardinal en l'apercevant, que vous n'oublierez pas le mot *Pension* dans votre dictionnaire.

— Non, Monseigneur, répliqua l'académicien, et encore moins celui de *Reconnaissance*.

Un jour à la suite d'un grand dîner, où Fontenelle avait déployé toutes les grâces de son esprit pour faire sa cour à madame Helvétius, il passa par inadvertance devant elle sans s'arrêter.

— Eh bien ! Monsieur le galant, lui dit-elle, quel

cas voulez-vous donc que je fasse de vos déclarations? Vous passez devant moi, sans même me regarder.

— Madame, répondit aussitôt Fontenelle, si je vous avais regardée, je ne serais pas passé.

Personne n'a jamais su mieux que Louis XIV s'identifier à la situation du moment, et personne n'a jamais exprimé en de meilleurs termes ce qu'il avait à dire. Il incrustait en quelque sorte ses pensées et ses sentiments dans des paroles en relief et faites pour l'histoire.

C'est ainsi qu'après la victoire de Senef, voyant le prince de Condé monter l'escalier de Versailles, le roi qui l'attendait en haut des marches, lui dit avec cette présence d'esprit et cette politesse toute royale qui ne l'abandonnaient jamais :

— Mon cousin, quand on est chargé de lauriers comme vous, on ne peut marcher bien vite.

Plus tard, dans des temps malheureux, Louis XIV trouvera un de ces mots partis du cœur, pour consoler le maréchal de Villeroi de ses défaites successives :

— Monsieur le **maréchal**, à notre âge, on n'est plus heureux.

Racine fut très bien inspiré le jour où, accompagné de Boileau, il causait du passage du Rhin avec le roi. Louis XIV leur ayant dit :

— Je suis fâché que vous ne soyez point venus à cette dernière campagne, vous auriez vu la guerre et votre voyage n'eût pas été long.

Racine répondit aussitôt :

— Sire, nous ne sommes que deux bourgeois qui

n'avons que des habits de ville ; nous en comman-
dâmes de campagne, mais les places que vous atta-
quiez furent plus tôt prises que nos habits ne furent
faits.

Cela fut reçu très agréablement.

LA RÉPLIQUE

Venant à propos, la réplique est d'autant plus
piquante qu'elle répond à une attaque imprévue.
Notre tempérament national veut que nous nous
portions de préférence du côté de celui qui est
attaqué.

Voici, par exemple, deux poëtes — Lebrun (Ecou-
chard) et Baour-Lormian — qui croisent la plume.
C'est Lebrun qui porte le premier coup :

> Sottise entretient la santé,
> Baour s'est toujours bien porté.

— Touché ! s'écrient les témoins. Mais la riposte
ne se fait pas attendre :

> Lebrun de gloire se nourrit,
> Aussi voyez comme il maigrit.

— Bravo ! fait la galerie qui se range en riant
du côté de Baour.

M. de Talleyrand eut à son tour à regretter de
s'être lancé à la légère, sans provocation aucune,
contre Fouché.

On parlait de la police générale, de son rôle si com-
pliqué, si ardu. Fouché faisait observer que pour le

bien remplir, il y faudrait un coquin devenu honnête homme.

— Voilà pourquoi, dit aussitôt Talleyrand, monsieur le duc d'Otrante est un excellent ministre de la police générale.

— Et voilà comme quoi, reprit Fouché, monsieur le prince de Bénévent n'aurait pas encore toutes les qualités requises pour faire un bon ministre de la police.

La Fontaine, dans ses fables les plus hardies, n'avait jamais osé mettre deux renards en présence.

LES NUANCES

Les nuances consistent à régler ses manières et son langage sur le degré d'estime et de considération que l'on doit aux personnes avec lesquelles l'on se trouve en rapport.

L'art des nuances ne s'apprend pas, on n'en saurait fixer la pratique. C'est une chose d'instinct et d'appréciation.

L'on a souvent cité à ce propos la *Leçon du bœuf,* — les cinq ou six manières imaginées par M. de Talleyrand, pour offrir du bœuf à ses convives :

1° Monseigneur, disait-il avec une grande déférence, et en choisissant le meilleur morceau, aurai-je l'honneur d'offrir du bœuf à Votre Altesse ?

2° Monsieur le marquis (avec un sourire plein de grâce), aurai-je le plaisir de vous offrir du bœuf ?

3º Cher comte (avec un signe d'affabilité familière), vous offrirai-je du bœuf?

4º Baron (avec bienveillance), accepterez-vous du bœuf?

5º Monsieur le conseiller, — non titré et de noblesse de robe— voulez-vous du bœuf?

6º Enfin le prince, en indiquant le plat avec son couteau, disait à un monsieur placé au bout de la table : un peu de bœuf? et il accompagnait ces quatre mots d'un petit signe de tête et d'un léger sourire.

N'en déplaise à leurs admirateurs, ces sortes de nuances nous ont toujours paru d'un ridicule achevé. Si c'est un honneur d'offrir du bœuf, que sera-ce quand vous aurez à présenter quelqu'un? et de quelle expression vous servirez-vous alors? Cette assimilation d'un morceau de bœuf bouilli ou rôti à un être vivant, est d'une bouffonnerie exhilarante.

Quant au *plaisir d'offrir du bœuf...* c'est un comble que le proverbe « Chacun prend son plaisir où il le trouve » pourrait seul expliquer.

Mais voici qui va nous dédommager des *nuances* de M. de Talleyrand, et qui, en même temps, aura l'avantage de faire ressortir jusqu'à quel point extrême Napoléon portait le sentiment de la dignité impériale :

« C'était à Montereau... raconte Balzac. L'empereur fut obligé de donner personnellement pour se dégager d'une place où il pouvait être surpris. Il regarde ceux qui l'entouraient ; il aperçoit les débris d'un régiment de la vieille-garde, et les restes

de cette brillante garde d'honneur, commandée
par M. de Mathan.

Cette garde fut alors la dernière goutte de sang
de la France, ses derniers fils de famille, ses derniers chevaux. Malheureusement il n'y en eut pas
encore assez ! S'il y avait eu alors plus de dévouement, les immenses efforts de Bautzen et de Lut-
zen, n'eussent pas été nuls faute de cavalerie. On
ne comptait que des gens comme il faut dans les
Gardes d'honneur.

Napoléon vit encore près de lui son escorte ; elle
était heureusement complète. Après avoir mesuré
le danger par un coup d'œil d'aigle, il sent la nécessité d'encourager ces trois masses d'hommes :

— *Soldats*, cria-t-il à ses grenadiers, sauvons la
France ! *Compagnons*, cria-t-il à son escorte, fai-
sons notre devoir ! Puis, se tournant vers les Gardes
d'honneur, il leur dit : Et vous, *Messieurs*, suivez-
moi ! »

Assurément, trouver de pareilles nuances au
milieu de la mitraille et du feu, c'est être à la fois
un homme de génie et parler en Louis XIV.

DES ÉCUEILS A ÉVITER

« L'esprit de la conversation, dit Labruyère, consiste bien moins à montrer beaucoup d'esprit qu'à
en faire trouver aux autres. » Il ne suffit donc pas
de mêler l'utile à l'agréable, selon le précepte
d'Horace, il faut encore intéresser l'amour-propre
de ses auditeurs, de manière qu'en nous quittant,

ils soient aussi satisfaits d'eux-mêmes que de nous.
Les hommes cherchent moins à s'amuser et à s'ins-
truire qu'à être goûtés et applaudis.

La première règle à observer dans la conversation
c'est de s'abstenir de tout sujet irritant, de toute
discussion politique ou religieuse. Ces controverses
amènent presque toujours des scissions fâcheuses,
même entre amis, sans aboutir jamais à convaincre
l'adversaire auquel on s'adresse.

Evitez de vous prononcer pour l'un ou pour
l'autre des discoureurs. Si l'on vous prend pour
juge, apportez dans cette tâche délicate tous les
ménagements possibles ; cherchez à concilier le
différend plutôt qu'à le trancher.

Laissez le dé de la conversation aux mains des
virtuoses de la parole ; ne le ramassez qu'autant
que vous vous sentez en passe de le tenir avec avantage. Si toutefois vous êtes forcé de rompre le silence
renfermez-vous autant que possible dans les généralités. C'est encore faire preuve de savoir-vivre
que de parler sans rien dire. On a même vu des
gens, rompus à ce métier, arriver à n'en penser
pas plus qu'ils n'en disent.

Lorsque quelqu'un a la parole, gardez-vous de
l'interrompre, si c'est un vieillard surtout. Ecoutez
avec attention, ou tout au moins ayez-en l'air.

Le prince K..., conteur fort agréable, adressait
un jour des compliments au marquis de Custine
sur la manière avec laquelle il semblait prendre
plaisir à entendre ses récits. « On reconnaît, lui
disait-il, l'homme bien élevé à l'air dont vous pa-
raissez écouter.

« — Prince, répliqua-t-il avec autant d'esprit que de politesse, la meilleure façon de paraître écouter, c'est… d'écouter. »

Une dernière recommandation :

Un homme d'honneur s'abstiendra de tout propos léger, inconsidéré, qui pourrait compromettre la réputation d'autrui. Celle d'une femme surtout, devra toujours trouver en lui un défenseur. C'est ainsi que se montra le colonel d'Entragues dans l'occasion suivante.

Entendant un jour dénigrer l'honnêteté d'une femme à qui on donnait pour amant un homme qu'elle recevait habituellement chez elle, il demanda à celui qui tenait cet imprudent propos, s'il avait été témoin du fait.

— Non… Mais…

— Alors, répliqua le colonel, vous nous mettez à l'aise en nous permettant de croire que ceux qui vous l'ont dit s'en sont rapportés, comme cela arrive trop fréquemment, à de fausses apparences, ou qu'ils ont eu quelque intérêt à vous tromper dans une circonstance qui touche d'aussi près à la réputation d'une femme.

Un peu confus, notre homme crut pouvoir se tirer de ce mauvais pas en affirmant la chose.

— Et si je vous disais, colonel, que je l'ai vu ?

— En ce cas, répondit celui-ci, cette femme a dû compter sur la discrétion d'un galant homme, et nous ne pouvons que vous savoir très bon gré d'avoir la même confiance en la nôtre.

DES LETTRES DIVERSES

DES PÉTITIONS, BILLETS, ETC.

Une lettre n'est pas autre chose qu'une conversation par écrit entre deux personnes que l'éloignement empêche de communiquer de vive voix : *Absentium mutuus sermo*, comme disaient les anciens.

Il faut donc prendre ce ton aisé et naturel qui fait le charme des entretiens, en se réglant toutefois d'après les circonstances et la position de la personne à laquelle on écrit.

Cette facilité de style s'acquiert par la fréquentation de la bonne compagnie, et aussi par la lecture des écrivains-modèle dans le genre, tels que les Sévigné, les Maintenon, les Voltaire, etc.

LETTRES DE DEMANDE

Une lettre de demande doit être très courte, exposer les faits d'une manière simple et concise, en même temps que respectueuse. Quelque juste et fondée que soit votre requête, laissez toujours entrevoir à la personne à qui vous l'adressez, que le mérite du succès lui en reviendra.

Bussy-Rabutin écrivit plus de cinquante lettres à Louis XIV pour qu'il lui permît d'aller se faire tuer à l'armée, au lieu de le laisser se morfondre dans un exil stérile. Il rappelait son dévoûement, il parlait de sa condition, il vantait son esprit... Il n'obtint rien. C'est que l'amour-propre demande à être flatté. Celui qui rend un service tient à ce qu'il lui soit compté comme une grâce, comme une faveur, et non pas comme une chose due.

Louez donc avec finesse ceux à qui vous avez recours, intéressez leur vanité. Pour obtenir quelque chose des hommes, le plus sûr moyen est de parler à leurs passions. Nous sommes tous un peu comme M. *Jourdain* du *Bourgeois gentilhomme*, qui se serait fait un scrupule de laisser sans récompense les termes obligeants que lui prodiguait son tailleur.

Ce serait une impolitesse marquée que de ne rien dire à quelqu'un qui nous adresserait là parole dans une réunion ; c'en serait une non moins grande que de ne pas répondre à une lettre.

Il y a même impolitesse à trop tarder, à moins de motifs sérieux, et alors on doit les faire connaître et s'en excuser.

Une seule chose peut dispenser d'une réponse, c'est quand la lettre reçue est inconvenante. Le silence est ce qu'il y a de mieux à opposer ; c'est un blâme tacite qui en dit plus que tout ce que l'on pourrait écrire.

Si dans une affaire quelconque, vous avez à répondre d'une manière entièrement contraire à ce que l'on attendait de vous, rejetez-en la faute sur les circonstances, sur les entraves que vous avez rencontrées ; témoignez enfin tous vos regrets de la non-réussite.

S'agit-il d'un emprunt d'argent auquel on ne peut ou l'on ne veut pas satisfaire ? Opposez, dans le premier cas, votre bonne volonté — malheureusement impuissante ; dans l'autre, colorez votre refus des raisons les plus vraisemblables. C'est bien le moins que d'accorder cette fiche de consolation et de s'abstenir de la franchise par *trop franche* de feu le marquis d'Aligre.

En pareille occurence, le marquis ne manquait jamais de prendre dans son secrétaire un livre de comptes dont les feuillets étaient couverts de chiffres et de signatures. Puis, il priait l'emprunteur d'y ajouter son nom et la somme qu'il désirait. Ces préliminaires accomplis, il serrait le livre en disant :

— Cette somme ajoutée aux autres, forme un total de...

Ce total était énorme !

— Eh bien ! reprenait-il, c'est ce qui m'a été demandé depuis un an. Si j'avais souscrit à toutes ces demandes, il y a longtemps que je serais ruiné. J'ai donc été obligé de faire pour les autres ce que je fais pour vous... de refuser nettement.

Et le marquis vous reconduisait, avec une extrême politesse, jusqu'à l'escalier.

DES PÉTITIONS

Les pétitions ne diffèrent des lettres de demande que par les formules et les formalités auxquelles elles sont astreintes.

Elles doivent être écrites sur grand papier ou papier ministre, que l'on plie en deux dans toute sa longueur. Tout en haut de la page, se place le nom du personnage auquel on s'adresse; puis, au milieu, sur le côté droit, et en vedette : *Sire*, ou *Madame*, quand c'est à une tête couronnée.

Entre la vedette et le commencement de la pétition, il faut laisser un espace assez grand, n'écrire que trois ou quatre lignes pour laisser un blanc au bas de la page. La première ligne du verso ne doit venir qu'au dessous de la vedette. L'adresse se place au bas de la page ; et, de l'autre côté sur la même ligne, la date, le jour, le mois et l'année. On plie alors la pétition en quatre, et on la met sous enveloppe que l'on cachète avec de la cire.

Voici le protocole suivi de nos jours par la République Française :

AUX SOUVERAINS ÉTRANGERS

Sur papier carré, doré sur tranches — En vedette	Sire (ou Madame), (Deux ou trois lignes de texte au bas du 1er recto.)
Traitement	Votre Majesté (ou Votre Majesté Impériale — Majesté Impériale et Royale.)

Fin	Je suis avec respect,
	    Sire (ou Madame),
	      De Votre Majesté,
	        le très humble
	    et très obéissant serviteur,
	
	   A Paris, le...

On donne le titre d'Altesse Impériale ou Royale,
ou les deux à la fois, aux fils et petits-fils des sou-
verains.

Quand on écrit au Pape, on le qualifie de : « Très-
Saint-Père », et l'on se sert dans le courant de la
pétition ou de la lettre, des termes de : « Votre
Sainteté, Votre Béatitude. »

Une femme ne doit jamais écrire directement au
pape.

Continuons à faire connaître le formulaire en
usage dans la Chancellerie française :

AUX CARDINAUX

Inscription en vedette	Monsieur le Cardinal,
Traitement	Votre Eminence,
Courtoisie	Agréez les assurances de la respectueuse considération avec laquelle j'ai l'honneur d'être, Monsieur le Cardinal, De Votre Eminence, Le très humble et très obéissant serviteur,
Date	A Paris, le...
Réclame et adresse	A Son Eminence Monsieur le Cardinal N...

Si les cardinaux sont princes. on écrira : « Votre

Altesse éminentissime » et, dans le courant de la lettre ou de la pétition, « Monseigneur ».

La République a supprimé le « Monseigneur » aux archevêques et évêques; elle les appelle : « Monsieur ». C'est plus court... de trois lettres. Elle leur a enlevé aussi la « Grandeur » La République n'admet pas la grandeur.

En fait de courtoisie, les archevêques, évêques, n'ont droit qu'à la « haute considération », du reste, comme les maréchaux, les amiraux, le grand chancelier de la Légion d'honneur, les sénateurs et les députés. Ce qui n'empêche pas les particuliers, dans leurs rapports intimes avec les archevêques et évêques, de continuer à leur donner du « Monseigneur » et de la « Grandeur ».

Le mot « Excellence » ayant paru jurer par trop avec la R. F., le protocole l'a supprimé.

Dans ses formules de courtoisie, le protocole accorde du « profond respect » au président de la République ; de la « très haute considération » aux Présidents du sénat et de la chambre des députés.

Le chef du cabinet du Président a la « considération la plus distinguée », de même que les conseillers d'Etat et les préfets. Les maires des grandes villes et les premiers secrétaires d'ambassade l'ont « très distinguée », et les simples particuliers l'ont « parfaite ».

C'est parfait !

Ce qui ne l'est pas moins, c'est le sentiment de convenance de la République envers les « dames ».

A Athènes, l'on ne devait pas être plus galant.

AUX DAMES [1]

En vedette	Madame,
Courtoisie	Agréez, Madame, l'hommage de mon respect,
	ou
En ligne	Madame, vous...
Courtoisie	J'ai l'honneur d'être, Madame, votre très humble serviteur,

[1] Pour les dames, les titres héraldiques à la réclame et sur l'adresse seulement.

Vous avez bien lu : les *titres héraldiques !* la République a daigné les conserver. On pourrait même l'accuser de quelque faiblesse à ce sujet ; on pourrait lui reprocher de laisser prendre des titres à des gens qui n'y ont aucun droit, de les y encourager, pourvu toutefois qu'ils endossent la livrée républicaine.

Jamais, en effet, on ne vit autant de faux nobles, autant d'usurpations, de fabrications de noms, que de nos jours. Néanmoins il faut savoir gré au gouvernement d'avoir retenu quelques formules de l'ancien protocole, quelques-uns des égards de la vieille courtoisie française.

Lors donc que vous écrirez à une personne qui a un titre nobiliaire, n'oubliez pas de le mentionner dans votre lettre : « Monsieur le duc, Monsieur le comte, etc. »

Pour les personnages de très haute dignité, il était d'usage en France, et il l'est encore à l'étranger,

de substituer à la seconde personne *Vous*, une péri-
phrase, comme par exemple : « J'ai obéi aux ordres
que « Votre Eminence, que Votre Excellence » m'a
donnés ».

Ce cérémonial n'est pas de mise dans les lettres
ordinaires. Leur rédaction varie selon le rang, la
position des destinataires ; leur formulaire est cal-
qué sur ceux qu'on a vus plus haut.

Quand on ne donne pas la ligne, il est essentiel
de placer le nom de « Monsieur ou Madame » le plus
tôt possible, et de le rappeler dans le courant de la
lettre. C'est une impolitesse que de le trop reculer.
Exemple : « Je regrette bien, Monsieur, etc. —
Madame, vous avez mille fois raison, etc. »

Vous adressez-vous à une personne avec laquelle
vous entretenez des rapports familiers ? à un collègue, un camarade de classe ou de régiment, sup-
primez le mot « Monsieur » et remplacez le par :
« Mon cher collègue, Mon cher camarade, etc. »

Un homme qui écrit à une femme, même d'un
rang inférieur au sien, doit toujours le faire avec
une forme respectueuse.

Une femme, quand elle écrit ou parle à un homme, ne doit jamais se servir des expressions suivantes : « Avoir l'honneur, etc., ou de vouloir bien
lui faire l'honneur, etc. »

Dans une lettre, comme dans une visite ou une
rencontre, l'on ne chargera la personne à laquelle
on s'adresse, de présenter ses hommages ou ses
compliments à un tiers, que s'il appartient à sa
famille ; et encore fera-t-on bien de se servir dans

la lettre d'un correctif : « Permettez que Madame***
reçoive ici les assurances de mon respect, etc. »

Abstenez-vous de *post-scriptum*, à moins d'une
circonstance imprévue et subite qui vous y force.

Autrefois, l'on se donnait beaucoup de peine
pour amener avec esprit la fin d'une lettre ; aujour-
d'hui, l'on n'y fait pas tant de façon, et l'on finit
en mettant à l'alinéa : « Je suis, ou : J'ai l'honneur
d'être, etc. »

On y joint l'expression de quelque sentiment : « Je
suis avec respect, ou : avec le plus profond respect,
etc., » ou encore : « Recevez, Monsieur, ou Veuillez
recevoir, Monsieur, l'assurance de ma considération distinguée. » A un supérieur, on dirait : « de
ma haute » ou, selon son caractère sacerdotal ou
magistral, ou même son âge : « de ma respectueuse considération, ou encore : « de mes sentiments les plus respectueux ».

Ce sont là autant de formules, **autant de règles**,
consacrées par la politesse, qu'il faut observer.

LETTRES DE REMERCIEMENT

C'est au cœur à parler dans ces sortes de lettres,
puisque le remerciement n'est autre chose, comme
l'observe Bossuet, qu'un acte de reconnaissance.

Le service rendu, les circonstances qui l'ont accompagné, la générosité de celui qui oblige, la
sensibilité de celui qui reçoit, sa profonde gratitude,
sont autant de thèmes à développer dans une lettre
de remerciement. Quelques fragments de lettres à
l'appui :

Le maréchal de Tallard à Mme de Maintenon.

« Madame,

« Recevez, s'il vous plaît, ici mes très humbles remerciements du mot que vous me fîtes l'honneur de me dire hier. Rien n'égale vos **bontés** : rien n'égale ma reconnaissance, etc. »

Lettre de Saint-Evremont.

« Je suis un serviteur si inutile que je n'oserais même parler de reconnaissance ; mais je ne suis pas moins sensible à l'obligation, etc. »

Lettre de Mme de Maintenon.

« Vous ne serez pas remerciée, puisque vous ne voulez pas l'être ; mais la reconnaissance ne perd rien au silence que vous m'imposez. »

Lettre du comte de Bussy.

« Je suis pénétré du service que vous m'avez rendu ; et ce qui me charme dans votre procédé, c'est que vous m'ayez accordé votre protection sans me l'avoir promise. Par la noblesse de votre action, jugez, Madame, de ma reconnaissance et de mon respect. »

DES LETTRES DE FÉLICITATION

Elles s'adressent soit à des amis, soit à des supérieurs ou à des égaux. L'on se réjouit avec ses amis, parce que l'on s'intéresse sincèrement à tout ce qui peut leur arriver d'heureux, et il n'est besoin pour cela que de laisser courir la plume.

Il n'en est pas de même des félicitations adressées à ses supérieurs ou à ses égaux. Comme les convenances en font presque tous les frais, que le sentiment n'y est pour rien, force est de se rejeter sur ces lieux communs que la politesse place chaque jour sur nos lèvres, de les tourner et retourner jusqu'à ce que l'on puisse amener décemment le : — « Je suis », ou — « J'ai l'honneur d'être, etc. »

Un peu d'enjouement ne gâte rien dans une lettre de félicitation, il ne fait que donner une saveur plus piquante aux compliments. Mme de Sévigné écrit au duc de Chaulnes, ambassadeur à Rome :

« Mais, mon Dieu ! quel homme vous êtes, mon cher Duc ! on ne pourra plus vivre avec vous; vous êtes d'une difficulté pour le pas qui nous jettera dans de furieux embarras. Quelle peine ne donnâtes-vous point l'autre jour à ce pauvre ambassadeur d'Espagne ! Pensez-vous que ce soit une chose bien agréable de reculer tout le long d'une rue ? Et quelle tracasserie faites-vous encore à celui de l'Empereur sur ses franchises ? Vous êtes devenu tellement pointilleux, que l'Europe songera à deux fois comme elle se devra conduire avec Votre Excellence, etc. »

LETTRES DE CONDOLÉANCE

On se borne généralement, dans ces lettres, à témoigner la part que l'on prend à la perte qui en fait le sujet.

Si celui ou celle à qui vous adressez vos compliments, pleure une personne qui lui était chère à plus d'un titre, ne craignez pas de lui en parler longuement. La tristesse aime à se replier sur elle-même, à se nourrir de sa douleur.

Quelques courtes réflexions de piété font très bien dans une lettre de condoléance. La religion, cette grande chose, a seule des consolations qui nous élèvent au-dessus des regrets et des misères humaines.

Madame la duchesse de Ventadour, gouvernante des enfants de France, venait d'écrire à Louis XV, qui était tombé malade à Metz, pour le féliciter sur sa convalescence. Au même moment, elle reçoit un courrier qui lui annonce la mort de Madame Sixième à Fontrevault, où Mesdames étaient élevées. Il devenait donc indispensable de joindre à la lettre de félicitation une lettre de condoléance. Madame de Ventadour trouva une façon fort ingénieuse de les réunir en une seule :

« Sire,

« Après la grâce que le Seigneur vient d'accorder à la France, en lui conservant Votre Majesté, il ne fallait rien moins qu'un ange en ambassade pour l'en aller remercier ».

DES BILLETS

Ce qui distingue un billet d'une lettre, c'est sa contexture, son *sans façon*. Il n'y a qu'une supériorité bien marquée ou une familiarité bien établie qui puisse autoriser à écrire un billet.

On a souvent cité celui de Louis XIV au duc de La Rochefoucauld qu'il venait de nommer Grand-Maître de la Garde-robe :

« Je me réjouis avec vous, comme votre ami, du présent que je vous ai fait comme votre maître. »

En voici un très spirituel qui est écrit à la troisième personne. Il fut adressé par M. Villemain à une dame qui lui avait prêté les poésies d'André Chénier et qu'il lui renvoyait. Tous deux demeuraient porte à porte :

« Madame, un académicien malade, qui ne lit plus de vers et ne sait plus par cœur que les vôtres, se fait scrupule de garder ce volume que vous lui avez prêté il y a quelques mois. Il a l'honneur de le faire remettre à votre porte, inutilement voisine de la sienne ; et il saisit cette occasion de vous offrir l'hommage de son respect, et l'assurance qu'il n'est mort ou imbécile qu'officiellement. »

Pour comprendre ce dernier trait, il faut se rappeler que M. Villemain relevait alors d'une longue maladie pendant laquelle on avait essayé, à la cour de Louis-Philippe, de le faire passer pour fou.

Cette façon d'écrire à la troisième personne a

donné lieu par son ambiguïté à plus d'une méprise assez drôle, — témoin l'anecdote suivante :

C'était à un dîner où se trouvaient réunis plusieurs hommes de lettres. On causait style épistolaire, et l'un d'eux attaquait vivement les billets écrits à la troisième personne. Un autre les défendait, prétendant qu'ils étaient plus cérémonieux, plus polis.

— Bah ! reprit le premier, un des mérites de la politesse, c'est d'être claire, et rien ne l'est moins que vos diables de billets à la troisième personne. Tenez, voici ce qui m'est arrivé à moi qui vous parle, il y a quelques années. Je reçus un beau matin de mon ami D..., chef de division au ministère de ..., un petit mot conçu en ces termes :

« M. D..., chef de division, s'empresse d'informer son ami A... (votre très humble !) qu'il vient d'être nommé chevalier de la Légion d'honneur. »

« Vous jugez de ma joie, continue A..., si j'étais l'homme le plus heureux du monde ! Je courus chez mon graveur, et lui commandai des cartes portant la flatteuse mention :

M. A..., chevalier de la Légion d'honneur.

« Je courus chez mon bijoutier, et je choisis une croix du plus élégant module... Je courus chez un marchand de rubans et lui achetai une pièce du plus beau moiré rouge. Je courus chez tous mes amis pour recevoir leurs félicitations ; enfin je courus au ministère pour remercier mon ami D..., et je me jetai dans ses bras :

— Ah ! mon ami, que je suis heureux, et combien je vous remercie de la bonne nouvelle.

— Cet excellent A..., s'écria D..., quelle part il prend à mon bonheur !

— Merci pour le mot : c'est moi qu'on décore, et le bonheur est pour vous !

— Comment ! c'est vous qu'on décore ?

— Mais oui, n'est-ce pas ?

— Mais non, mon ami, c'est moi qui suis décoré.

— Vous ?

— Oui... Vous le méritez sans aucun doute plus que moi ; mais enfin, c'est moi qui le suis.

« Je compris alors quel sens il fallait donner à la phrase ambigüe.

— Que le diable vous emporte avec votre troisième personne. Ne pouviez-vous pas m'écrire tout simplement :

« Mon cher ami, j'ai le plaisir de vous annoncer que je viens d'être décoré. »

Je le quittai, furieux, et ne le revis que deux ans après, lorsque je fus *réellement* décoré.

Et voilà cependant les conséquences que peut amener cette prétentieuse troisième personne !

LETTRES D'INVITATION

Les invitations à dîner, à une soirée, à un bal, peuvent se faire de vive voix ou par écrit. Dans ce dernier cas, il faut varier la rédaction des billets, selon le degré d'intimité qui nous lie aux personnes, et d'après le rang et la position qu'elles occupent dans le monde. Trois ou quatre brouillons que l'on fera recopier y suffiront.

On ajoute au bas : « *Vous êtes prié de répondre* ».

Ces invitations devront être envoyées quatre ou cinq jours d'avance, afin que l'invité ne prenne pas d'autre engagement. S'il ne peut accepter, il ira le jour même ou le lendemain au plus tard, s'en excuser, ou bien il s'en excusera par lettre.

Ne pas répondre équivaut à une acceptation.

Il est de très bon ton, alors, de remettre ou de faire remettre sa carte chez l'amphitryon, l'avant-veille du jour désigné pour le dîner ou la soirée.

Du temps de nos pères, on avait quelquefois re-recours à la poésie pour les invitations. Voltaire, chargé par madame la duchesse du Maine de prier à souper chez elle l'auteur de l'*Art d'aimer*, lui écrivit cet ingénieux quatrain :

> Au nom du Pinde et de Cythère,
> Gentil-Bernard est averti
> Que l'*Art d'aimer* doit samedi,
> Venir souper chez l'*Art de plaire*.

LETTRES DE FAIRE PART

Les lettres de faire part pour un mariage, un enterrement ont une formule adoptée que connaissent les imprimeurs ou lithographes. Il sera bon toutefois d'en revoir le contexte pour s'assurer qu'il ne s'y est rien glissé contre les convenances.

Il faut se garder d'étaler avec complaisance les titres et décorations des personnes qui figurent dans ces billets. Ce n'est pas le lieu de faire argent de sa vanité, lorsqu'on doit être tout entier à sa douleur. La qualité de parent suffit en pareille circonstance.

Les lettres d'avis pour la naissance d'un enfant doivent être envoyées au nom du père, à l'exclusion de la mère et des grands parents.

DES DINERS EN GÉNÉRAL

De même qu'il y a fagots et fagots, il y a dîners et dîners, depuis le dîner d'apparat, — dîner grand seigneur, haute banque, ministre, etc., dont le coût varie de cent à cent cinquante francs par personne, — jusqu'au repas frugal à 0 fr. 80 ou 90 c.

MENU

Potage au pain ou Julienne.
Bouilli, bifteck, lapin sauté.
Pommes de terre ou haricots.
Fromage ou pruneaux.
Pain à discrétion.
Vin — un carafon (le crû n'est pas indiqué).
Par cachet, 0 fr. 05 c. *de diminution.*
Café avec petit verre, 0 fr. 30 c.

Entre ces deux extrêmes — cent à cent cinquante francs, et quatre-vingts ou quatre-vingt-dix centimes, — il y a bien de la marge, bien des intermédiaires ; voyons :

Le *repas de noce,* le *repas de corps,* qui se font l'un et l'autre sur commande, et où l'on mange fort mal ;

Le *dîner en ville,* également de commande : première, deuxième, troisième classe, etc., comme pour les enterrements.

Les menus ne varient pas :

Potage Julienne ou purée Crécy ; — Turbot, sauce aux câpres, ou sauce génevoise ; — Filet de bœuf aux champignons ; — Poularde truffée, à la Périgueux, etc.

Toujours et toujours les mêmes mets, avec ce goût d'étuvé bien prononcé qui accuse leur cuisson au four ; les mêmes sauces banales, les mêmes vins frelatés ; les mêmes verres, les mêmes plats ; car dans ces usines culinaires on fournit tout ce dont on peut avoir besoin : linge de table, ruolz, porcelaines, etc. On prétend même que ces honnêtes industriels tiennent en réserve un stock de *quatorzièmes*, prêts à toute heure, pour les cas où l'absence accidentelle d'un invité réduit les convives au nombre fatidique de *treize !*

Personne n'ignore à quel point ces repas confectionnés sur mesure, horripilaient Roqueplan ; aussi les a-t-il flétris de bonne encre :

« Une des plus grandes douleurs du dîner en ville, c'est l'uniformité de l'organisation de son menu. Qui en a mangé un, en a mangé cent.

« Après cette soupe ridicule, composée d'un bouillon pâle et sans yeux, et dans lequel s'entrechoquent de petits losanges blancs,

« — Madère ! »

« s'écrie, sans rire, un valet de pied qui fait semblant de croire qu'il tient à la main du vin de Madère, et non pas une décoction de fleurs de sureau étendue d'eau-de-vie de pomme de terre.

« — Château-Yquem 47 ! »

« s'écrie un autre mystificateur, comme s'il ne sa-

vait pas qu'il verse du petit vin de Lunel coupé de
Grave.

« — Turbot, sauce aux câpres ! sauce gene-
voise !

« La rage vous saisit. — Nous sommes pincés,
disent les gens d'expérience, nous n'éviterons pas
le filet de bœuf aux champignons !

« Puis, le délire vous prend : on mange de tout
un peu, on s'empoisonne avec variété, on grignote
sa mort !

« Dans la généralité, le dîner en ville est mauvais et pernicieux.

« Par cette première raison que presque personne à Paris n'a de cave, et que la plupart des
donneurs de dîners achètent du vin pour la circonstance, comme certains érudits ne prennent
que dans Bouillet la science dont ils ont besoin
pour le jour même.

« C'est la cave Bouillet. »

Pauvre Roqueplan ! lui qui recevait jusqu'à
deux et trois invitations par jour, il a fini par suc-
comber à la peine. Les dîners en ville et le faux
madère l'ont tué avant le temps, ainsi qu'il l'affir-
mait à ses amis la veille de sa mort.

Reprenons l'énumération des dîners :

Le *dîner de famille*, où l'on mange comme l'on
veut, quelquefois même comme l'on peut.

Le *dîner sans façon*, ou à la *fortune du pot*,

« . . . . Mal que le ciel en sa fureur
« Inventa pour punir les *gourmands* de la terre. »

gardez-vous en comme de la peste ;

« Souvenez-vous toujours, dans le cours de la vie,
« Qu'un dîner sans façon est une perfidie. »

c'est le législateur du Parnasse français qui le dit.

Le *banquet populaire*, à l'usage des Robert Ma-
caire et des Gogos de la politique, où l'on se repaît
de veau et de salade, où l'on s'abreuve de petit
bleu.

Passons à des sujets plus relevés « *Paulò ma-
jora canamus.* »

LES GRANDS DÎNERS

Les gens qui ont un grand état de maison, qui
font ce que l'on appelle *figure dans le monde*, peuvent seuls donner de ces dîners.

Tout d'abord il faut avoir un hôtel à soi, un
chef de cuisine de premier ordre, avec une armée
de marmitons ; une cave bien fournie, une cave
vécue ; puis quelque chose comme trois ou quatre
cent mille livres de rente, et même davantage —
ce ne sera pas de trop.

Vous avez tout cela... très bien ! parfait ! Mais
si vous n'y joignez l'éducation, l'esprit, le tact et
le goût ; si vous n'avez pas été initié en famille aux
secrets de la grande existence, aux délicatesses,
aux raffinements qu'elle comporte, c'est comme si
vous n'aviez rien. Vous aurez beau tenir table
ouverte, déployer tout le luxe possible, — *ce ne
sera pas ça...* l'on mangera vos dîners, mais on se

moquera de vous en arrière, on vous traitera de Californien.

Sans doute les lingots pèsent dans la balance, mais ils ne sont pas tout, ce n'est qu'un accessoire.

« La fortune, dit La Rochefoucauld, est un piédestal qui montre mieux nos mérites et dévoile davantage nos défauts. »

L'on ne s'imagine pas ce qu'il faut d'intelligence et d'art pour composer et dresser un dîner parfait, un de ces dîners dont tous les détails sont étudiés, pesés avec soin.

Le prince de Talleyrand qui, pendant quarante ans, a reçu et traité à sa table toute l'Europe politique, militaire, savante, artistique, conférait chaque matin avec son maître d'hôtel et son cuisinier; il discutait avec eux la composition du dîner, car il ne déjeunait jamais. Il prenait deux ou trois tasses de camomille avant de se mettre au travail.

Ses grands dîners sont restés légendaires dans le monde diplomatique, et l'on consulte encore aujourd'hui leurs menus.

Peut-être ne lira-t-on pas sans intérêt la description de son ordinaire pour une table de dix à douze couverts. Il se composait de deux potages; de deux relevés, dont un de poisson; de quatre entrées; de deux rôts; de quatre entremets et du dessert.

Le prince mangeait avec appétit du potage, du poisson, d'une entrée de boucherie, qui était presque toujours une noix de veau, ou de côtelettes de mouton braisées, ou un peu de poulet, ou de la poularde au consommé.

Il mangeait parfois un peu de rôti. Ses entremets habituels étaient les épinards ou les cardons, les œufs ou les légumes de primeur, et comme entremets de sucreries, les pommes ou poires gratinées. Un autre jour, c'était un peu de crème au café.

Il ne buvait que d'excellent vin de Bordeaux, légèrement trempé d'eau, et un peu de xérès ; à son dessert, il demandait un petit verre de vieux malaga. Rentré au salon, on lui présentait une grande tasse qu'il emplissait lui-même de morceaux de sucre, puis on lui versait le café.

Avec ce régime-là, le prince a vécu quatre-vingt-deux ans. Que ceux qui veulent arriver jusque-là observent la recette : nous la leur livrons gratis.

Les dîners se sont servis tour à tour à la française et à la russe. Aujourd'hui le service russe a prévalu. Cependant le service français est encore en usage dans quelques bonnes maisons de la capitale, mais surtout en province, parmi les familles de vieille souche. Écoutons ce que dit à ce sujet le *Carnet d'un mondain* :

« La mode française ne plaçait pas le dessert sur la table. On en disposait les friandises sur un dressoir.

« Un surtout d'argenterie, de vieux saxe, de cristal de Venise ou de biscuit de Sèvres avec des montures ciselées, composait le seul ornement de la table, sur laquelle on plaçait des réchauds dont le nombre augmentait suivant l'importance du dîner.

« Cette vieille mode avait bien son mérite. Elle exigeait un plus grand nombre de plats et un soin plus attentif dans la manière de les monter. Elle indiquait une hospitalité plus large.

« Aujourd'hui, les fruits, les fleurs, les bonbons remplacent les antiques réchauds. »

C'est peut-être plus agréable, plus flatteur à l'œil; mais à quel prix? Au détriment des mets qui veulent être servis et mangés aussitôt qu'on les retire du feu. On a sacrifié aussi les hors-d'œuvre, qu'on passait après le potage, et qui stimulaient, qui préparaient si bien l'estomac. Espérons qu'on y reviendra.

Quelques plats nouveaux, ou renouvelés du XVIIIe siècle, ont apparu cette année sur la table de quelques maisons du high-life. Voici la nomenclature qu'en donne le *Carnet :*

Les laitances de carpes à l'Indienne;
Les pattes d'oie bottées à l'Intendant;
Les oreilles de cerf en menus-droits;
Les crêtes de coq à la gauloise;
Les glaces au pain bis et au beurre frais;
Les trains de lièvre à la Saint-Hubert (à la gelée de confiure de Bar).

Les deux menus qui suivent sont également empruntés au *Carnet*. Le premier est celui du dîner du Jour de l'an, offert au grand-duc Constantin à l'ambassade de Russie. L'autre est le menu d'un dîner intime de dix-huit personnes chez un grand financier.

GRAND DINER

Potage crème d'orge aux quenelles.
Soupe tortue à l'anglaise.
Petite croustade Régence.
Sterlets à la Russe.
Selle de chevreuil garnie.
Filets de poularde petits pois nouveaux.
Aspic de crustacés à la Bagration.
Sorbets au kirsch.

———

Faisans truffés.
Pâtés de foie gras de Strasbourg.
Asperges en branches.
Gâteau de Compiègne aux cerises.
Glace d'ananas.

DINER INTIME

Huîtres.
Potage princesse et tortue.
Laitances de carpes aux truffes.
Côtelettes de chevreuil purée Soubise.
Faisans à la Godard.
Chaufroix de cailles et de bécasses.
Rôti d'ortolans.
Dinde truffée.
Salade Impératrice.
Bombe royale.
Dessert.

LE DINER ENTRE GASTRONOMES

Le gastronome n'aime pas les grands dîners. Ces repas solennels, où l'on donne plus à l'étiquette qu'à l'art, où l'on s'attache plus à charmer les yeux qu'à flatter le goût; ces réunions nombreuses de gens inconnus pour la plupart les uns aux autres, où règnent la froideur et la contrainte, n'ont pour lui aucun attrait.

Le gastronome par excellence pousse l'amour de la table jusqu'à l'exclusion de toute autre passion. Il n'admet pas l'élément féminin à ses agapes. A tort ou à raison, il prétend que la plus belle moitié du genre humain veut être sans cesse admirée, et il ne saurait distraire la moindre parcelle de son admiration, il la réserve tout entière pour les mets délicats.

Le marquis de Cussy, un des derniers représentants de l'exquise politesse de l'ancienne cour, partageait cette doctrine de l'exclusion des femmes aux dîners des gastronomes. Il est vrai que nous ne l'avons connu que dans les derniers temps de sa vie. Peut-être n'avait-il pas toujours pensé de même?

« Chaque âge a ses plaisirs, son esprit et ses mœurs.

C'était bien le type du gastronome le plus accompli, le plus parfait de tous points. Ruiné par les événements politiques, après avoir eu une immense fortune, il lui restait à peine cette médiocrité dont parle Horace; elle lui suffisait cependant pour vivre avec dignité et recevoir quelques amis.

Il donnait un dîner toutes les semaines et faisait lui-même son marché. Ce jour-là, il était à la halle dès quatre heures du matin.

Ses dîners duraient trois heures. Jamais plus de onze convives, jamais moins de cinq. Puis sept, puis neuf. Pourquoi ces nombres impairs? Était-ce pour se conformer au vieil adage romain : *Numero Deus impare gaudet?* On ne sait pas. M. de Cussy a emporté son secret dans la tombe.

Voici quelques-uns de ses aphorismes :

« Ne réunissez à dîner que les gens qui s'affilient en morale et en pensées ;

« Mangez avec mesure, buvez à petits traits ;

« Ne faites rien de trop pour votre estomac, ou il vous abandonnera, car il est ingrat ;

« En hiver, votre salle à manger sera chaude ; treize degrés ; baignez-là de lumière. »

C'était un aimable et gai causeur, aimant assez la controverse. Il s'attaquait volontiers à Brillat-Savarin ; il le considérait comme un gros mangeur et ne lui reconnaissait pas les qualités qui constituent le gastronome fin et délicat. L'entendant, un jour, demander deux douzaines d'huîtres par couvert, détachées et placées d'avance :

« Professeur, lui dit-il, vous n'y songez pas ; des huîtres ouvertes et détachées ! Je ne vous excuse que parce que vous êtes né dans le département de l'Ain ! »

Brillat-Savarin soutenait qu'une salle à manger devait être ornée de glaces. M. de Cussy résistait, parce que « ce n'est qu'à jeun qu'on doit s'étudier dans son miroir ».

Le professeur conseillait la musique pendant le dîner; M. de Cussy l'admettait, mais à la condition que les instruments à vent y domineraient.

Aussi passionné pour la musique que pour la bonne chère, il passa trois heures, la veille de sa mort, à répéter avec sa fille des scènes entières d'opéras, et le jour même où il expira, il avait mangé et digéré un perdreau rouge en entier.

C'était mourir au champ d'honneur !

LE DINER BOURGEOIS

C'est le dîner d'autrefois, le dîner du vieux temps, lorsqu'il existait une haute bourgeoisie, composée de l'élite des citoyens voués aux professions libérales, qu'ils honoraient de leur mérite et de leurs vertus. Bien habile qui pourrait dire aujourd'hui où commence et où finit ce que l'on nomme la bourgeoisie.

Il était d'usage, dans cette ancienne bourgeoisie, de donner tous les ans un ou plusieurs dîners qu'on appelait *de cérémonie*. Cela se pratique toujours en province, de même que dans certaines familles parisiennes, pour qui ces dîners sont une obligation d'état, de position de fortune.

Le nombre des convives varie de dix à **dix-huit** au maximum, en ayant soin de ne s'arrêter jamais au chiffre redouté de *treize*, qui n'est cependant à craindre, comme le remarque Grimod de la Reynière, qu'autant qu'il n'y aurait à manger que pour douze.

C'est à un dîner de cérémonie que vous êtes invité.

La tenue de rigueur est : l'habit noir, la cravate blanche, les gants blancs ou paille.

Déjà quelques personnes sont réunies, à votre entrée dans le salon. Vous faites les salutations d'usage et vous restez debout, en causant avec vos voisins, jusqu'au moment où le maître d'hôtel ou le domestique qui en tient lieu, ouvre les deux battants de la porte et prononce les mots sacramentels :

« *Madame est servie !* »

Le maître de la maison offre alors le bras à la femme qui, en raison de son âge ou de sa position sociale, a droit à cette marque de respect ou de déférence. Il passe le premier.

La maîtresse de la maison donne le bras à l'homme le plus âgé ou le plus considérable. Elle vient en second.

Les invités prennent la file, en se conformant aux règles prescrites par l'étiquette.

C'est le bras droit que le cavalier doit toujours offrir.

Au passage d'une porte, il s'avancera en s'effaçant un peu à gauche, afin de laisser plus d'espace à sa dame, et de ne point amener de rencontre fâcheuse avec la traîne ou les garnitures de la robe.

Arrivés tous deux dans la salle à manger, il saluera sa compagne qui répondra par une légère inclination.

Ils attendront qu'on leur désigne leurs places, à moins que celles-ci ne soient indiquées par des cartes posées sur les serviettes.

Le cavalier ne s'assiéra que lorsque ses voisines de droite et de gauche se seront parfaitement installées — toujours en vertu de cette extrême attention que commandent l'agencement et les ondulations coquettes des robes.

Le maître et la maîtresse de la maison occupent le milieu de la table, en face l'un de l'autre. Les places d'honneur sont à leur droite d'abord, puis à la gauche. Les convives se rangent à la suite, de chaque côté, en observant toujours les prescriptions des diverses hiérarchies sociales.

C'est un très grand art de savoir placer son monde, que de bien assortir les âges, les positions et les sympathies, de manière à ne froisser personne, à ne blesser aucun amour-propre.

Nous avons entendu un maître dans la science du savoir-vivre. — *Magister elegantiarum* — critiquer cette façon de numéroter les convives, de les mesurer à la toise hiérarchique.

A son avis, tous les invités étant gens d'éducation, devraient être traités sur le pied d'égalité. Il n'admettait de préséance que pour les ministres de Dieu et les vieillards des deux sexes. Cette préséance de l'habit ecclésiastique est du reste consacrée par l'usage. Quand il se trouve un prêtre parmi les assistants, c'est à lui que revient de droit la première place d'honneur à côté de la maîtresse de la maison, de même qu'elle appartient de droit aussi, dans le corps diplomatique, au Nonce du Pape.

Vous voilà donc parfaitement installé.

Vous vous êtes incliné à droite et à gauche, en échangeant quelques paroles banales. N'oubliez pas que votre position de cavalier servant vous oblige à rendre à la personne que vous avez accompagnée tous les petits services possibles. Vous lui verserez à boire, si les vins sont sur la table; vous veillerez attentivement à ce que rien ne lui manque. Soyez aimable et prévenant, mais sans familiarité. Pesez bien vos paroles, et, pour plus de sûreté, renfermez-vous dans les généralités.

Si le maître de la maison offre lui-même d'un plat, ou la maîtresse de la maison d'une pâtisserie, d'une friandise quelconque confectionnée par elle, on est tenu de faire honneur à cette attention toute gracieuse.

Quand la conversation devient générale, si vous tenez à y prendre part, faites-le en homme de bon ton. N'interrompez pas, et surtout n'interpellez jamais personne d'un bout de la table à l'autre.

Assez ordinairement l'amphitryon a eu soin d'inviter un de ces beaux esprits, joyeux conteurs, qui ont toujours quelque nouvelle et merveilleuse histoire. Méry s'était fait une réputation hors ligne en ce genre. Nous nous rappelons qu'à une certaine époque un grand nombre de lettres d'invitation à dîner se terminaient invariablement par cette formule alléchante : « *Nous aurons Méry.* »

Le procédé était des plus cavaliers, mais à qui la faute ?

Méry se vantait de devoir à Dieu et au Diable : c'étaient les seuls peut-être qu'il n'eût pas fait contribuer. Par ses emprunts réitérés, il s'était mis à la discrétion de ses créanciers, et ceux-ci étaient excusables, et même à tout prendre, très louables, de consentir à se rembourser en *racontars*. Est-il beaucoup de gens aujourd'hui qui se contenteraient d'une pareille monnaie ?

Il lui arriva un jour d'emprunter contre signature une somme, relativement assez forte, à un banquier qui fut depuis député de l'arrondissement de Saint-Denis. Bien entendu qu'à l'échéance le susdit billet revint sans être payé. C'était une habitude à laquelle Méry ne dérogeait guère ; mais il eut le tort de ne point reparaître chez son créancier. Celui-ci donna ordre à son huissier de poursuivre à outrance : si bien que, de petit papier en petit papier, le débiteur un beau matin fut appréhendé au corps et conduit... à la prison pour dettes ? — Non pas ! Mais bellement chez son créancier.

— Monsieur, fit celui-ci d'un air courroucé, vous êtes mon prisonnier de par la loi ; cependant, en faveur de nos anciennes relations, je veux bien vous laisser libre sur parole, à la condition expresse que vous comparaîtrez à ma table, toutes les fois que vous en serez requis, et ce — jusqu'au jour où vous m'aurez remboursé intégralement — capital et intérêt.

— Accepté ! répliqua Méry. Au fait, vous me devez les aliments.

A peu près à la même époque, Dumas père, ayant appris que, dans une maison où il n'allait que fort rarement, l'on s'était servi de son nom, au bas des invitations, imagina cette vengeance spirituelle de n'ouvrir la bouche que pour manger. A toutes les questions qu'on lui adressait, il répondait par des oui, des non, ou quelques mots des plus laconiques.

Vivement contrarié de ce mutisme auquel il ne s'attendait pas, l'amphitryon prit le parti d'interpeller directement son hôte.

— Monsieur Dumas, lui dit-il, est-ce que vous n'allez pas nous raconter quelque chose ?

— Très volontiers, cher Monsieur, mais à la condition que chacun y mettra du sien et servira un plat de son métier. Mon voisin, par exemple, qui est capitaine d'artillerie, tirera d'abord un coup de canon, et aussitôt je commencerai une histoire.

Revenons à notre dîner. Une gaieté expansive circule avec les vins de dessert ; la joie rayonne sur tous les visages.

Aujourd'hui, l'on ne porte plus guère de toasts que dans les banquets politiques. Pourtant si l'amphitryon offrait une santé, tous les convives s'inclineraient pour saluer la personne à qui elle est adressée, et videraient entièrement leurs verres.

Mais voici que le signal de quitter la table est donné. Chacun se lève en déposant sa serviette sur son assiette, et offre le bras à sa voisine de droite. Le retour au salon s'effectue de la même manière que pour la sortie, à cette différence près que la maîtresse de maison laisse passer tout le monde devant elle. Son mari ouvre la marche comme avant le dîner. Les convives le suivent, et chacun d'eux ramène à sa place la dame qu'il a conduite à table.

Un instant après, on apporte le café : c'est la maîtresse de la maison qui en fait les honneurs. Ne versez pas votre café dans votre soucoupe ; laissez votre cuiller dans la tasse.

Etes-vous du nombre de ceux qui ne peuvent se priver du cigare ou de la cigarette après avoir mangé ? Suivez le maître de la maison au fumoir, et rentrez au salon le plus tôt possible. La politesse exige que vous contribuiez pour votre part à l'agrément du reste de la soirée.

Si la maîtresse de la maison parle de faire un peu de musique, les amateurs s'empresseront de déférer à son désir. C'est à elle à ne point abuser de leur complaisance. On n'a pas oublié la piquante réponse de Chopin à son amphitryon qui se croyait en quelque sorte en droit de tenir le grand artiste au piano pendant toute la soirée.

— Ah ! Monsieur, dit Chopin, après avoir joué une mazurka, j'ai si peu mangé !

Il faut pourvoir à tout, quand on s'est chargé, comme le dit Brillat-Savarin, du bonheur de ses invités durant cinq ou six heures. En conséquence, des tables de jeu ont été dressées dans un petit salon, pour les personnes dont c'est la passion favorite, et même l'unique amusement, de remuer les cartes.

Le maître ou la maîtresse de la maison engageront les parties entre les amateurs qui ne se mettront au jeu qu'après en avoir été priés.

Les dames choisissent leurs places ; les hommes attendent pour s'asseoir qu'elles aient fait ce choix. Il est d'usage que la personne qui distribue les cartes pour la première fois, s'incline et que chacun lui rende son salut avant de relever son jeu.

Les jeunes gens doivent s'abstenir de jouer. Une jeune femme ne paraîtra à une table de jeu, qu'autant que sa présence sera nécessaire pour remplir une place vacante.

Pendant que chacun est à ses plaisirs, on a servi le thé dont la maîtresse de la maison a fait les honneurs comme pour le café.

La soirée s'avance, et déjà quelques personnes se sont levées, bien que la maîtresse de la maison ait cherché à les retenir. Il est l'heure, plus que l'heure de se retirer.

Vous prenez alors congé de vos hôtes auxquels vous devez une visite dans les huit jours.

N'oubliez pas, au cours de cette visite, de faire l'éloge du dîner et des convives. Appuyez surtout sur la gracieuse hospitalité du maître et de la maîtresse de la maison.

LES DÉJEUNERS

Les déjeuners dits *à la fourchette* sont peu usités à Paris, en raison de l'heure qu'il faudrait leur consacrer, et qui est due forcément aux affaires. Il n'en est pas de même en province, où l'on a beaucoup plus de temps à soi.

Là, les *déjeuners-dînatoires* sont en grand honneur. L'on se met à table à midi et l'on y reste jusqu'à trois ou quatre heures. La bonne chère fait les délices de ces repas ; l'on y mange une cuisine excellente confectionnée par un véritable cordon bleu, des sauces qui ne sont point frelatées, des viandes qui sont rôties à la broche et n'ont rien à démêler avec cet ignoble *four*, — sans contredit la plus désastreuse conquête de la civilisation moderne.

Ajoutez à cela qu'en province il n'est pas de propriétaire, de rentier un peu riche, qui n'ait un caveau réservé, avec ses vins bien rangés et étiquetés par récolte : toutes choses fort rares à Paris et qui tendent à le devenir davantage chaque jour.

A bien dire, les déjeuners priés à Paris sont des déjeuners d'affaires, entre hommes. Aussi est-il reçu qu'après le dessert les dames quittent la table pour laisser ces messieurs à leurs conversations sérieuses et à leurs cigares.

Les hommes y assistent en redingote noire, cravate item ;

Les femmes en toilettes mixtes, ou *toilettes d'intérieur*.

LE TABAC

Le tabac, soit qu'on le prenne en poudre ou qu'on l'aspire en fumée, occupe une si large place dans nos habitudes, il y a opéré un changement si considérable, si funeste à l'existence même de la bonne compagnie, qu'il nous est impossible de n'en pas dire quelques mots.

Le tabac en poudre, malgré Aristote et sa docte cabale, est resté divin pour les priseurs. Il est à remarquer toutefois que sa consommation tend à diminuer, tandis que celle du tabac à fumer va sans cesse en progressant.

Cela tient à ce que la clientèle des priseurs qui se compose en très grande majorité de vieillards des deux sexes, est loin de se recruter en proportion des vides qu'elle éprouve.

Depuis que la tabatière a cessé d'être un objet de luxe et d'ostentation, depuis qu'elle n'est plus à la mode, la fameuse *poudre à la reine* a été frappée de discrédit. Elle a perdu cent pour cent dans l'estime des nez à priser, ou, pour éviter un mauvais jeu de mot, des nez qui prisent.

Le tabac à fumer a vu, au contraire, s'accroître son empire ; chaque jour il fait de nouvelles conquêtes. C'est qu'aussi il flatte et caresse bien mieux les appétences de l'homme, chez qui tout est fumée : fumée de la gloire, fumée des richesses, fumée des honneurs, etc., etc. Chacun poursuit ici-bas sa fumée avec la même ardeur que ce pauvre Ixion poursuivait sa nue.

On fume partout — au dehors et au dedans, dans la rue comme chez soi, à la ville et aux champs. C'est une épidémie qui prend les générations presque au sortir du berceau, et s'étend sur elles comme une plaie incurable.

En vain des sociétés se sont fondées, des médecins, des savants, des académiciens, des journalistes, se sont réunis pour conjurer le mal ; en vain ont-ils fait paraître brochures sur brochures, articles sur articles, pour signaler les dangers du tabac, — ce poison aussi fatal à la santé de l'homme que préjudiciable à sa bourse.

« Le tabac, écrivait Charles Fourier, est l'opium de l'esprit humain : Peuple qui fume, peuple qui périt. »

Stendhal (Beyle), cet esprit si fin et en même temps si profond, a poussé plus avant et surtout plus en avant ses observations :

« Si la Turquie, dit-il, porte la nuit sur son visage, si l'Allemagne rêve dans l'espace, si l'Espagne dort d'un sommeil entrecoupé de somnambulisme, si la Hollande étouffe dans son embonpoint, si la France enfin laisse flotter son regard, nous devons désormais accuser de ce mystérieux suicide national, le chibouque, la pipe, le cigare et la cigarette. Pour peu que la chose dure encore un siècle ou deux, l'intelligence du monde finira en fumée, et le singe pourra traiter avec l'homme d'égal à égal. »

Ces sages avertissements n'ont servi à rien. Les fumeurs n'en ont tenu aucun compte; ils ont allumé leur tabac avec les feuillets des brochures, avec les articles des journaux, et le feu des cigares et de la cigarette a continué sur toute la ligne avec plus d'intensité que jamais.

Aujourd'hui, le cigare règne et gouverne en maître absolu.

De Paris à Pékin, de Londres à Philadelphie, de Lisbonne à Pétersbourg, de Brest à Stamboul, c'est à qui se rangera

Sous le sceptre cendré de ce tyran en feu.

Il est devenu le commensal de tous les logis, et s'assied à tous les foyers, se mêle à tous les propos même aux entretiens les plus doux. Il est l'ami, le confident de nos pensées, le compagnon de nos travaux; il a sa part de toutes nos peines, de tous nos plaisirs.

Comme les lettres de Pline, il nous suit à la ville, à la campagne, aux eaux; il est de tous les voyages, monte en chemin de fer, et secoue sa cendre sur la robe des dames.

Parfois, il veut bien encore leur demander la permission de s'allumer; mais c'est pour la forme, et il le fait de façon à n'être pas refusé.

Encore un peu de temps, et le cigare s'allumera tout seul!

Où cela s'arrêtera-t-il ?

Cela ne s'arrêtera pas.

Les choses prendront même un dévoloppement que les circonstances n'ont pas permis jusqu'à présent. A l'aide du progrès, — n'en doutez pas — les écoles, les collèges, un peu bien situés dans l'Université, finiront par posséder des professeurs assermentés de *fumerie*. On fumera partout et toujours : en se couchant, en se levant, en mangeant, en vaquant à toutes ses occupations.

Le cigare deviendra le flambeau de l'hyménée : on se mariera le cigare à la bouche. Le monde enfin ne sera plus qu'un vaste appareil fumivore, et les feux du tabac nous consumeront, ainsi qu'il est dit dans l'*Apocalypse* :

> Et circumdabit gentes fumus, et perebunt !

Et la fumée envahira les nations, et elles périront !

Cette fumée aperçue à travers les âges par saint Jean ne peut être que la fumée du tabac, à moins pourtant que ce ne soit celle de la dynamite !

CÉRÉMONIES

DU BAPTÊME, DU MARIAGE ET DE L'ENTERREMENT

Nous n'avons pas à entrer ici dans tous les détails de ces diverses cérémonies; nous nous bornerons à rappeler les principaux usages que l'étiquette prescrit pour chacune d'elles.

LE BAPTÊME

Le baptême est une cérémonie purement religieuse. C'est l'entrée dans le giron de l'Église de l'enfant qui vient de naître, et à qui son parrain et sa marraine servent d'introducteurs.

Le grand-père paternel et la grand'mère maternelle sont de droit parrain et marraine du premier né.

On alterne pour le second. Le père de la jeune femme en est le parrain, et la mère du mari la marraine.

A défaut de l'un ou de l'autre, ou de tous les deux, on choisit toujours l'ascendant le plus proche et le plus âgé dans la ligne paternelle et dans la ligne maternelle.

Il est d'usage de laisser à la marraine le choix de son compère. Quelquefois cependant on lui désigne la personne qu'on désirerait donner pour parrain à l'enfant ; mais elle est libre de refuser.

Avant d'offrir le parrainage à une personne, les parents auront soin de s'assurer si cette proposition lui agrée.

Dans le cas où il ne vous conviendrait pas d'accepter une pareille demande, apportez dans votre refus toutes les formes et la bonne grâce possibles.

On ne doit pas refuser de servir de parrain ou de marraine à l'enfant d'une personne qui est dans une situation peu aisée. Ce serait manquer tout à la fois de charité et de savoir-vivre.

Ne vous offrez jamais personnellement pour être parrain ou marraine dans une famille d'une condition égale à la vôtre, et encore moins d'une condition supérieure.

La qualité de parrain et de marraine implique une sorte de responsabilité presque paternelle ; elle est tout à la fois une charge matérielle et morale.

Ainsi elle oblige à des frais de cérémonie, à des dépenses diverses pour cadeaux. Nous ne parlerons pas des cadeaux qui varient selon les localités, et qui sont en outre subordonnés à la position de fortune de ceux qui donnent et de ceux qui reçoivent.

Le parrain est le grand dispensateur de dragées.

La veille du jour du baptême, il envoie à sa commère une ou plusieurs douzaines de boîtes, selon qu'il tient à faire les choses plus ou moins largement.

Il distribue des cornets de bonbons avec pièces d'argent à la garde-malade et aux domestiques.

Voici comment se règlent les choses, le jour de la cérémonie :

Le père se charge du service des voitures. Il en envoie une au parrain qui va lui-même chercher la marraine et la fait monter avec lui.

Le père, la nourrice ou la garde, occupent une seconde voiture ; mais, à la rigueur, un seule peut suffire.

Dans ce cas, la marraine occupe le fond de la voiture avec l'enfant et la nourrice. Le père et le parrain se placent sur la banquette du devant.

Si c'est l'enfant d'un haut personnage que l'on va faire baptiser, l'enfant occupera le fond de la voiture avec la marraine, et même on lui donnera la droite comme place d'honneur.

En arrivant à l'église, la femme qui porte l'enfant, entre la première. Le parrain et la marraine la suivent, sans se donner le bras ; puis viennent le père, les parents et les amis de la famille.

Quand la cérémonie commence, le parrain se place à droite de l'enfant, la marraine à gauche. La nourrice tient la tête de l'enfant appuyée sur le bras droit.

Le prêtre fait les questions voulues et exorcise le nouveau-né.

Le parrain et la marraine récitent à voix basse, et en français, le *Pater* et le *Credo*, et prennent les engagements chrétiens pour le compte du bébé.

De là l'obligation qu'ils contractent de surveiller la façon dont il sera élevé et de le suivre dans le développement graduel de son existence.

L'enfant a reçu trois noms : un de sa marraine,

un autre du parrain, et le troisième choisi par la
mère ; et c'est sous ces trois noms, qui doivent se
trouver dans le calendrier des Saints, que le prêtre
baptise l'enfant.

On se rend alors à la sacristie pour y signer
l'acte de baptême.

Il faut veiller très attentivement à ce que les
noms donnés à l'enfant soient les mêmes que ceux
qui figurent sur les registres de la mairie, sans quoi
il serait exposé par la suite à toute sorte d'embarras, chaque fois qu'il aurait à se servir de ces
deux actes.

Le père envoie une boîte de bonbons à l'ecclésiastique qui a administré le baptême, et y ajoute
quelques pièces d'or ou d'argent, selon sa fortune.

Il y a encore le suisse, le sacristain, l'enfant de
chœur ainsi que les pauvres, qui vous attendent à
la sortie de l'église, et auxquels il est d'usage de
distribuer quelque argent : c'est l'affaire du parrain.

Le parrain et la marraine reconduisent l'enfant
à sa mère, et reçoivent ses remerciements en
échange de leurs félicitations.

Généralement, un repas de gala a lieu après la
cérémonie. Si la mère est encore trop faible pour
y assister, l'on se borne à une collation, et l'on
attend son rétablissement, afin qu'elle puisse par-
ticiper au repas et en faire les honneurs.

A partir de ce jour, le parrain et la marraine
sont considérés comme membres de la famille. Ils
s'occuperont de leur filleul ou filleule qui, de leur

côté, n'oublieront jamais le respect et la reconnaissance qu'ils doivent à l'un et à l'autre.

LE MARIAGE

Mariage à la Mairie.

Passons sur les préliminaires pour arriver tout de suite aux cérémonies civile et religieuse.

Le contrat a été signé par les deux parties. Le sacrifice est fait, d'un côté comme de l'autre ; le notaire y a passé, comme on le dit encore dans certaines provinces ; en d'autres termes, il n'y a plus à y revenir.

La publication des bans se fait à l'église, en même temps que le mariage est affiché à la mairie.

Il ne peut avoir lieu que dans la commune où l'un des deux contractants a son domicile, lequel s'établit par six mois de résidence continue.

Les pièces à fournir à la mairie, sont :

1° Un certificat constatant que la publication des bans a été faite dans les localités où la loi l'exige ;

2° Les extraits de naissance des conjoints, et en cas d'impossibilité, un acte de notoriété délivré sur le lieu de leur naissance, ou de leur domicile. Cet acte devra être légalisé sans le moindre vice de forme.

3° Le consentement par acte notarié des père et mère, dans le cas où ils ne pourraient assister à la célébration du mariage ; et, dans le cas où ils auraient refusé ce consentement, la preuve légale que les soumissions respectueuses ont été faites suivant les prescriptions de la loi ;

4° Le futur est tenu de fournir son acte de libération du service militaire ;

5° S'il appartient à l'armée, l'autorisation du ministre de la guerre.

A Paris, le mariage à la mairie a presque toujours lieu la veille du jour de sa célébration à l'église. Cependant la célébration à l'église peut être retardée de plusieurs jours.

Aujourd'hui, il n'y a guère que les parents des futurs et leurs témoins qui assistent au mariage civil.

Ces témoins au nombre de quatre, — deux pour le marié, deux pour la mariée, — sont pris parmi les plus proches parents ; quelquefois aussi ce sont des personnages dont on désire se faire honneur et appui.

On se rend à la mairie en voitures ordinaires et en toilette de ville, qui est laissée au goût de chacun.

Le maire ou l'adjoint lisent la loi aux futurs et leur font prononcer le *Oui* sacramental.

Après quoi, ils sont déclarés unis devant la loi.

C'est la mariée qui signe la première ; puis elle passe la plume à son mari qui, en la recevant, salue et dit : « Merci, *Madame !* »

A partir de ce moment, chacun l'appelle *Madame*.

L'époux et ses parents reconduisent la mariée à son domicile. Le soir, un dîner auquel les témoins seuls assistent, réunit les deux familles.

Le Mariage à l'Église.

Pour se marier à l'église, on devra fournir :

1° Un certificat constatant la publication des bans dans les églises où elle est exigible ;

2° Un extrait de l'acte de baptême, ou à son défaut, une attestation que l'on a fait sa première communion ;

3° Un billet de confession.

Le marié et sa famille vont **chercher la mariée** et les siens à leur domicile ;

Le marié offre à celle-ci le bouquet de *noces* qui doit être entièrement blanc ;

Il porte également avec lui l'anneau et la pièce de mariage, laquelle peut être d'or ou d'argent, selon la fortune des conjoints.

Les lettres d'invitation faites en double, ont dû être envoyées huit jours au moins avant le mariage ;

Les lettres de faire part ne s'envoient que dans la quinzaine qui suit. Elles sont destinées aux personnes habitant une autre résidence, à celles avec qui l'on n'a pas de relations suivies, à tous ceux enfin dont on n'espère pas, ou même dont on ne désire pas la présence à la cérémonie.

On expédie ces lettres dans de grandes enveloppes, en ayant soin de placer en dessus **la lettre** des parents ou tuteurs qui en font l'envoi.

Voici dans quel ordre le cortège se rend à l'église :

La première voiture est occupée par la mariée qui s'installe au fond et à droite, ayant sa mère à sa gauche. Le père s'assied sur la banquette du devant ;

Dans la seconde voiture, prennent place le marié et sa famille. Il occupe le fond, à gauche, sa mère à sa droite, et le père sur le devant ;

Puis vient la voiture de la demoiselle d'honneur ; et après celles des témoins et des autres membres de la famille.

C'est une sœur de la mariée, ou une des plus proches parentes, ou encore une amie intime qui remplit le rôle de la demoiselle d'honneur ;

De même pour le marié, c'est son frère ou un ami qui lui sert de garçon d'honneur.

La demoiselle et le garçon d'honneur doivent être célibataires.

La quête est toujours faite par la demoiselle d'honneur.

S'il y a deux quêteuses, cette fonction en double revient à la plus jeune parente du marié, et le plus jeune parent de la mariée lui donne la main pour quêter.

Il est de bon goût d'indiquer très exactement sur les lettres l'heure de la cérémonie, afin de ne pas faire attendre les invités ;

Ceux-ci doivent être rendus à l'église pour le moment de l'entrée des jeunes époux.

Quand les voitures arrivent devant le portail, le suisse dispose aussitôt le cortège sur deux rangs, de manière que la jeune mariée, en passant au milieu, soit protégée contre les regards indiscrets des curieux ;

Le père de la mariée lui offre la main pour la conduire à l'autel.

Le marié la suit avec sa mère ; la mère de la mariée est au bras du père du jeune homme.

Puis viennent la demoiselle et le garçon d'honneur ; les témoins avec les plus proches parents et les autres membres de la famille.

Arrivés devant les sièges qui leur sont réservés, le marié se place à droite, la mariée à gauche.

Les parents de chaque famille, les amis et les invités, se rangent dans le même ordre ; à droite, ceux du jeune homme ; à gauche, ceux de la jeune femme.

A l'Offertoire, le poêle est tenu par les deux plus jeunes garçons de la famille. Si l'un d'eux est trop petit, on le hisse droit sur une chaise.

Aux questions adressées par le prêtre, le marié et la mariée répondent à demi-voix et en s'inclinant avec respect.

Au moment de la bénédiction de l'anneau, les époux ôtent leurs gants, et le marié prend de la main droite l'anneau que lui présente le prêtre et le passe au doigt annulaire de la main gauche de la mariée.

La messe terminée, on se rend dans l'ordre suivant à la sacristie pour signer les actes du mariage :

Le père du marié donne le bras à la mariée ; la mère de la mariée au jeune époux ; et ainsi de suite en intervertissant les rôles.

Après la signature, le marié présente les personnes de sa connaissance à la mariée qui, autant que possible, adresse à chacune d'elles un mot aimable.

Les parents de la mariée présentent leur gendre.

Chacun adresse son petit compliment aux deux époux en leur serrant la main avec effusion, tout en passant assez vite : un mot du cœur suffit.

Il est bien d'attendre les mariés à la sortie de l'église ; c'est un dernier hommage.

Le marié donne le bras à sa femme ;

Le père de la mariée suit en donnant le bras à la mère du marié ; puis le père du marié à la mère de la mariée, etc.

L'on mêle et l'on confond ainsi les deux familles.

Avons-nous besoin de dire que les gens de bonne compagnie ne font pas de noces chez les restaurateurs ? On invite moins de monde, mais l'on reçoit chez soi.

Il s'est introduit depuis quelque temps un nouvel usage qui rompt ouvertement en visière aux vieux us et coutumes, si fatigants, si gênants pour les jeunes mariés.

En sortant de l'église, ceux-ci montent seuls dans une voiture, et rentrent chez eux.

C'est une manière de rapt de bon ton de la part du mari.

La jeune femme reçoit alors la famille et les amis intimes ; et nul autre que ceux qui ont été priés, n'assiste à la réunion.

Il arrive même aux nouveaux époux de se soustraire à cette dernière obligation, et de laisser à leurs parents le soin de faire les honneurs du déjeuner ou du lunch que l'on offre à la famille.

Après s'être esquivés, ils partent pour un voyage réel à l'étranger ou simplement pour une résidence peu éloignée, où ils pourront au moins jouir en liberté du premier quartier de la lune de miel.

Les visites de noces ne commencent guère que dans le mois qui suit le mariage.

Les nouveaux mariés ne rendent de visites qu'aux invités avec lesquels ils veulent avoir et entretenir des relations ; aux autres, ils envoient leurs cartes.

Les personnes ayant reçu une lettre d'invitation ou seulement une lettre de faire part, — qu'elles aient ou non assisté au mariage, — sont tenues à remettre ou à envoyer dans la huitaine leurs cartes au membre de la famille qui leur a adressé cette lettre d'invitation ou de faire part.

Si c'est par suite d'un cas de force majeure qu'elles n'ont pas paru à la cérémonie, les convenances veulent qu'elles le fassent savoir et s'en excusent par lettre.

On ne rend jamais de visite aux nouveaux mariés avant d'avoir reçu la leur.

L'ENTERREMENT

> Là, d'un enterrement la funèbre ordonnance
> D'un pas lugubre et lent vers l'église s'avance.
>
> BOILEAU.

Les cérémonies de l'enterrement sont les dernières marques d'affection que l'on donne à celui qui s'en va. A moins d'un empêchement absolu, c'est manquer à toutes les convenances que de ne pas assister à un enterrement auquel on est prié par une lettre spéciale.

Les lettres d'invitation doivent être remises la veille du jour du convoi. Les lettres de faire part aux personnes éloignées s'envoient aussitôt après. On y supprime depuis quelque temps les noms des membres féminins de la famille.

Il est plus respectueux de faire porter à domicile les lettres d'invitation. Sauf quelques rares exceptions, on peut toutefois les mettre à la poste.

Quand les relations du défunt sont trop nombreuses, et que le temps manque pour écrire les adresses, il convient de faire insérer dans les journaux les plus répandus une invitation générale; c'est le meilleur moyen de réparer les omissions qu'on peut commettre.

Les hommes se rendent à la maison mortuaire; les femmes vont directement à l'église. Les proches parentes restent au domicile.

Chacun sera vêtu de noir ou tout au moins de couleur foncée; les hommes, autant que possible, en habit noir, cravate blanche et gants noirs.

Il était d'usage autrefois qu'une femme n'assistât point au convoi de son mari, ni de son enfant, — le mari à celui de sa femme. Cet usage tend à disparaître à Paris, malgré tout ce qu'il peut y avoir de douloureux pour une épouse, pour une mère, d'accompagner à sa dernière demeure son mari ou son enfant.

Au départ du cortège, les parents les plus proches sortent les premiers et se rangent derrière la personne qui conduit le deuil ; puis viennent les invités, les amis et les connaissances.

Si la température est douce, il faut, par respect pour le mort, tenir son chapeau à la main. S'il fait froid ou qu'il pleuve, on reste couvert, en ayant soin toutefois de se découvrir au moment où l'on descend le corps pour l'entrer à l'église.

Les hommes se rangent à droite, les femmes à gauche ; elles n'accompagnent que fort rarement le convoi au cimetière.

On ne monte dans les voitures de deuil qu'au sortir de l'église, et l'on y monte indistinctement avec des personnes qu'on ne connaît pas.

Dans la première, se trouve le clergé ;

Dans celles qui suivent les parents, puis les gens de la maison, et enfin les invités.

La famille devra toujours se pourvoir d'un nombre de voitures en rapport avec celui des invités ; et ces voitures reconduiront à leur domicile tous ceux qui auront suivi le convoi jusqu'au cimetière. On donne un modeste pourboire au cocher.

Le jour même ou le lendemain au plus tard, les invités, hommes et femmes, remettront chez la personne de la famille qui leur a adressé le billet d'invitation, leur carte pliée ou brisée à l'envers ainsi qu'il est indiqué à la rubrique *Cartes de visite.*

Dans quelques maisons, — en bien petit nombre, il est vrai, — le veuf, la veuve où les proches parents, reçoivent le jour même de l'enterrement ;

on fera donc bien de se renseigner chez le concierge, en déposant sa carte.

Les personnes qui ont reçu une lettre de faire part, envoient leurs cartes par la poste. Si elles tiennent à témoigner de leur sympathie particulière, elles écriront une lettre de condoléance.

Il est toujours très convenable de faire acte de cœur dans ces circonstances douloureuses.

On est tenu, dans les cinq ou six semaines qui suivent, de renvoyer des cartes à toutes les personnes qui vous en ont adressé ou qui vous ont écrit.

Quant aux visites, elles ne se rendent qu'à l'expiration du grand deuil.

CHAPITRES COMPLÉMENTAIRES

Nous avons réuni, sous ce titre, plusieurs sujets nouveaux qui sont du ressort du savoir-vivre, et d'autres qui, bien que traités déjà dans l'ouvrage, appelaient un supplément pour réparer les omissions inévitables.

AU DEHORS

La Rue, les Boulevards, la Promenade.

Il faut être poli, gracieux et serviable en tout lieu et en toute circonstance.

Si vous voyez venir à vous, sur le trottoir, une femme, un prêtre, un vieillard, un infirme ou un homme chargé d'un fardeau, vous leur céderez le haut du pavé, c'est-à-dire le côté des maisons.

Donnez toujours le haut du pavé à la femme que vous accompagnez.

Réglez votre pas sur le sien, et veillez à ce qu'elle ne soit pas heurtée par les passants.

Si vous êtes seul et que vous rencontriez un ami, saluez-le et remettez votre chapeau, quand bien même vous vous arrêteriez pour causer avec

Si c'est un supérieur ou un vieillard, restez découvert jusqu'à ce que l'on vous ait prié de remettre votre chapeau.

Si vous entamez une conversation, parlez à voix basse pour ne pas attirer l'attention des passants.

L'entretien doit être très court, et c'est à la personne la plus âgée ou la plus considérable à le rompre la première, et à prendre congé.

Un homme qui rencontre une dame de sa connaissance, la saluera, mais ne s'arrêtera point à causer avec elle, surtout si l'un et l'autre sont jeunes.

La discrétion veut que l'on ne salue pas un homme qui donne le bras à une dame, à moins qu'il ne vous y autorise par un signe.

On saluera bien moins encore une femme qui serait accompagnée par un cavalier que l'on ne connaît pas.

Les règles de la bonne compagnie s'opposent à ce qu'un homme donne le bras à deux dames à la fois, et à ce qu'une dame se tienne aux bras de deux cavaliers ;

Il y a exception toutefois pour le premier cas. c'est lorsque l'obscurité de la nuit et le pavé glissant et mauvais, peuvent nécessiter un appui, un soutien.

Un fumeur qui aborde une femme doit jeter son cigare aussitôt. Il serait plus qu'inconvenant de le garder à la main en parlant à une personne qu'on respecte.

Dans la rue et à la promenade, un père peut

donner le bras à sa fille, au lieu de le donner à sa femme;

Un jeune homme l'offrira à sa mère, et non pas à sa sœur;

Un oncle à sa nièce, un neveu à sa tante, et non à sa cousine.

Un cavalier peut accompagner plusieurs dames à la promenade; mais il y aurait inconvenance de sa part à s'implanter en quelque sorte au milieu de la famille, à moins de prétendre à la main de la jeune fille.

Il ne faut pas non plus quitter son monde avec trop de précipitation, ce serait impoli. Le tact est le meilleur juge en pareille circonstance.

Montez-vous en voiture pour accompagner une ou plusieurs personnes? Faites-les passer devant vous; offrez la main aux dames et soutenez les vieillards par le bras.

A l'arrivée de la voiture, descendez le premier, et usez des mêmes attentions.

Quoi qu'il soit reçu aujourd'hui qu'un cavalier garde son chapeau dans une voiture, même fermée, il sera de bon ton d'en faire la demande.

Maintenant est-il besoin d'ajouter que l'on doit toujours, par politesse, offrir les places du fond et s'installer sur la banquette du devant.

Si vous vous trouvez en tête à tête avec une dame dans une voiture, ne vous asseyez pas à son côté avant qu'elle ne vous en ait prié. Agissez de même envers un supérieur ou un vieillard.

Si l'on veut vous faire monter le premier, refusez d'abord; si l'on insiste, montez. On ne doit même pas hésiter, quand c'est un supérieur ou un haut personnage qui vous y convie.

Un jour, Louis XIV avait invité un Mortemart à l'accompagner à la promenade. A cette époque déjà, les Mortemart étaient réputés pour leur grand ton et leurs manières élégantes. On disait en parlant d'eux : « L'esprit et la politesse des Mortemart ».

Le carrosse du roi s'étant approché, Louis XIV fit signe de la main au duc de passer le premier. Tout autre peut-être eût fait des cérémonies; le duc monta aussitôt, ce qui lui valut les félicitations du grand roi.

L'invitation d'un souverain est un ordre.

EN FAMILLE

DEVOIRS DES ÉPOUX

Le savoir-vivre en famille comprend les devoirs des époux entre eux et envers leurs enfants, et les devoirs de ceux-ci envers leurs parents.

En bonne règle de conduite, les époux ne devraient jamais se départir entre eux des attentions, des petits soins qu'ils se prodiguaient, avant et pendant les premiers temps de leur mariage.

Se regarder comme affranchi de toute contrainte, se relâcher de l'observation scrupuleuse des égards et des convenances qu'on se doit mutuellement, c'est compromettre le bonheur conjugal.

Un excellent moyen de le conserver, sera toujours de suivre le précepte du Fabuliste :

> Soyez-vous l'un à l'autre un monde toujours beau,
> Toujours divers, toujours nouveau.

La vie privée, plus encore que la vie publique, exige ce maintien rigoureux des convenances, puisqu'elle nous place en tête-à-tête continuel. De là ces concessions qu'il faut se faire de bonne grâce, sans acrimonie aucune, afin de ne blesser jamais l'amour-propre qui pardonne si difficilement.

Ecartez avec le plus grand soin dans vos entretiens tout sujet sur lequel vous êtes en désaccord.

Ce serait une insigne maladresse à un mari de chercher à détourner sa femme de ses devoirs religieux, surtout lorsque leur accomplissement ne nuit en rien aux devoirs domestiques.

De son côté, la femme fera bien, dans l'intérêt de la paix et de la tranquillité du ménage, de ne point vouloir convertir son mari. Qu'elle se contente de lui donner le bon exemple, de le rendre heureux dans son intérieur : le temps et les circonstances feront mieux que toutes les controverses.

Bien d'autres sujets encore peuvent donner lieu à des altercations dans le ménage.

Evitez-les autant que possible. Que jamais ces débats ne dépassent le seuil de la chambre à coucher. N'en rendez témoins, ni vos enfants, ni vos domestiques : ce serait diminuer d'autant votre autorité et le respect qui vous est dû.

Les époux doivent toujours observer entre eux la décence, même dans leurs rapports les plus intimes. Beaucoup de maris ont le tort très grave de l'oublier, de perdre toute retenue après un certain temps de mariage. En cela, ils se montrent aussi inconvenants qu'imprudents. C'est courir de soi-même au-devant du danger, c'est ressembler à ce fou qui, après avoir mis le feu aux poudres, se plaignait de l'explosion.

Si vous voulez qu'on respecte votre femme, commencez par la respecter vous-même ; honorez-la, si vous voulez qu'elle soit honorée.

La femme, dans toutes les circonstances de la

vie, obéira à son mari, à moins qu'il ne lui commande des choses contraires à l'honnêteté, et à ses devoirs de mère et de chrétienne.

De son côté, le mari ne doit pas oublier que sa femme est son égale devant Dieu et devant la nature. Il ne prendra donc pas à son égard ces airs de supériorité, ce ton impératif, qui sont le fait d'un homme sans éducation.

S'il a des observations à lui faire, qu'il les présente avec toute la courtoisie possible; mais qu'il les maintienne avec d'autant plus de fermeté qu'elles sont justes et fondées. Toute faiblesse de sa part serait coupable, et pourrait avoir des conséquences désastreuses.

Ecoutez plutôt cette histoire toute moderne que racontait, il y a quelque temps, un chroniqueur du *Figaro* :

« J'étais, dit-il, très lié autrefois avec le baron de C..., le plus charmant et le meilleur des hommes. Nom illustre, fortune, esprit, savoir, il avait tout. Il se maria très jeune, suivant les inclinations de son cœur. Sa femme était pauvre, mais belle, de cette beauté qui en fit, en peu de temps, la femme la plus fêtée, la plus recherchée de Paris. Coquette, cela va sans dire, et jalouse des succès et du luxe de ses amies, son unique ambition était d'attirer à elle tous les hommages, et de posséder le salon le plus suivi de Paris. Elle monta sa maison royalement, sans se préoccuper si tout son luxe se trouvait en rapport avec sa fortune, — cent mille francs de rente, pas davantage. Mais pourvu qu'on parlât de ses chevaux, de ses voi-

tures, de ses domestiques, de ses toilettes, de ses
dîners et de ses bals, elle se tenait pour satisfaite.

Un hiver, elle voulut éclipser les plus riches de
ses amies et donner un bal costumé, où le compte
des fleurs, seul, s'élevait à **quarante mille francs.**
Le reste à l'avenant.

Le baron essaya de parler raison à sa femme,
lui montra le gouffre ouvert, au bout de toutes ces
folies, lui dit qu'il avait dû vendre déjà des pro-
priétés, et que si ces dépenses continuaient, c'était
la ruine, la ruine complète en deux ans.

Elle ne voulut rien entendre, et loin de res-
treindre son train de vie, elle le chargea encore de
nouvelles dépenses. Le baron adorait sa femme, il
eût tout sacrifié pour elle. Il se résigna d'autant
plus qu'il était convaincu que ses remontrances
n'aboutiraient qu'à se faire détester par elle. Et ce
qu'il désirait avant tout, c'est qu'elle l'aimât, c'est
qu'elle lui sourît, c'est qu'elle l'enveloppât toujours de ces tendresses dont il avait tant besoin.
Et puis on verrait quand le malheur serait venu.

Il arriva vite.

La baronne fut très étonnée. Non seulement il
n'y avait plus d'argent, mais il y avait des dettes.
Que faire? Renoncer à cette existence! Elle n'y
songea pas un instant. Elle eût préféré se tuer. Il
fallait prendre une décision, car les fournisseurs
refusaient du crédit, et commençaient à devenir
insolents et à remplir l'hôtel du bruit de leurs do-
léances.

— Va jouer, dit-elle un matin, à son mari, va

jouer. Hier encore, D... a gagné deux cent mille francs, tu le sais bien.

Le malheureux avait horreur du jeu. De sa vie il n'avait touché à une carte. Le jeu lui semblait une chose sinistre, et bien des fois, au club, il avait frissonné, en contemplant cette salle spacieuse et cette longue table verte autour de laquelle des mains blêmes remuaient des piles d'or et des jetons. Il semblait qu'il entendît dans le tintement de l'or, le fracas des fortunes qui s'effondrent, et la voix du banquier abattant neuf lui donnait l'impression terrifiante d'un arrêt de cour d'assises.

— Va jouer, lui disait sa femme, comme la marquise de Presles disait à son mari : « Va te battre ».

Il y alla.

Je l'ai vu, le **pauvre diable**, et jamais spectacle ne fut plus navrant. Il passait toute ses nuits au cercle, dans les tripots les plus ignobles. Et il jouait. Ses paupières s'étaient cerclées de rouge, ses joues avaient pâli, ses mains amaigries ramassaient l'or et les plaques avec des mouvements tremblés, des mouvements de fou. Il enroulait ses jambes aux barreaux de sa chaise et se mordait les lèvres, comme s'il eût voulu s'empêcher de crier.

Il gagna d'abord, puis perdit, puis regagna, puis perdit de nouveau. Chaque fois qu'il rentrait chez lui, ses poches vides, hâve et défait, sa femme s'emportait en de folles colères, lui reprochait de la ruiner. Quand il avait été heureux, elle le dépouillait.

Cette existence dura deux autres années. Finalement la déveine fut complète. Chassé de son club, n'osant plus pénétrer dans les tripots où il devait à tout le monde d'importantes sommes, voyant que tout était fini, il tenta de se brûler la cervelle. Mais il ne mourut pas, hélas !

Il s'est séparé de sa femme, ou plutôt sa femme l'a quitté, etc., etc. »

N'allons pas plus loin.

Ce que nous voulions démontrer, ressort surabondamment de ce récit qui n'est malheureusement pas l'unique en son genre.

Le baron de C... a fait preuve de la plus coupable faiblesse; il a manqué à tous ses devoirs de chef de la communauté. Le jour où sa femme n'a tenu aucun compte de ses sages avertissements, il devait, sans attendre le lendemain, faire acte d'autorité souveraine.

Il eût évité ainsi sa ruine et son déshonneur.

Pour la bonne gouverne de toute maison, dit un vieil adage fort sensé, il faut que le coq chante plus haut que la poule.

DEVOIRS DES PÈRES ET MÈRES

Le grand point de l'éducation, dit Turgot, c'est de prêcher d'exemple.

La première règle à observer par les parents, sera donc de ne donner à leurs enfants que de bons exemples, soit en parole, soit en action.

Élevez-les dans la connaissance de Dieu; déposez de bonne heure dans leur âme le germe de toutes les qualités morales, la bonté, la charité, etc., etc.

Accoutumez-les à faire l'aumône, à s'imposer des privations pour secourir les malheureux.

Combattez leurs mauvais penchants.

Ne permettez jamais qu'en votre présence, ils tourmentent et fassent souffrir un animal. Comme le remarque Bernardin de Saint-Pierre : « Les enfants qui sont barbares avec les bêtes innocentes, ne tardent pas à le devenir avec les hommes ».

Tenez la main à ce qu'ils soient polis envers tout le monde ; forcez-les à demander pardon à celui qu'ils auront offensé. Cette petite humiliation leur sera très sensible, et les empêchera très probablement de recommencer.

Inspirez-leur, autant que possible, l'horreur du mensonge qui est le père de tous les vices. Il faut apprendre à l'enfant l'amour de la vérité comme on lui apprend la pudeur.

Le plus difficile dans l'éducation des enfants, c'est le choix et l'application des punitions.

Autant d'individus, autant de natures différentes. Tel moyen qui réussit avec l'un, échouera avec l'autre. C'est une étude qui exige une patience, une égalité de caractère dont malheureusement peu de personnes sont douées.

En thèse générale, il ne faut passer aux enfants aucun de leurs caprices, aucune de leurs fautes, sous peine de perdre sur eux toute autorité, et d'en faire de mauvais sujets.

Soyez donc sévères, mais justes autant que possible, car l'enfant a le sentiment de la justice.

Toute punition infligée à tort, toute préférence accordée au détriment de l'un ou de l'autre, l'aigrissent et le découragent.

Employez tous vos efforts à le ramener par le raisonnement, par la douceur ; ne le frappez jamais ; vous obtiendrez plus par l'affection que par la crainte.

« Les remonstrances d'un père faites doucement, dit saint François de Sales, ont beaucoup plus de pouvoir sur les enfants pour les corriger, que non pas les colères et les courroux. »

Gardez-vous bien toutefois de montrer de la faiblesse ; ne menacez jamais en vain ; ne revenez jamais sur une décision prise. Tout se résume enfin dans ces deux mots : Douceur et fermeté.

A mesure que les enfants grandissent, — nous ne parlons ici que des garçons — ils appellent une attention plus active et plus étendue.

Il faut surveiller leurs passions qui se développent, leur interdire toute fréquentation dangereuse, toute lecture malsaine, s'occuper tout à la fois de leur instruction littéraire et scientifique, de leur éducation proprement dite, — leur apprendre les règles et les usages du monde, ce que l'on néglige beaucoup trop malheureusement.

Quant aux filles, leur éducation appartient exclusivement aux mères, qui s'efforceront de la diriger au mieux des résultats.

Le premier soin de la mère est d'inspirer à sa fille la pratique de toutes les vertus que commande la religion et que la société honore et respecte.

Elle habituera sa fille, dès son enfance, à n'avoir

point de secrets pour elle, à lui faire ses petites confidences.

Elle veillera très attentivement à la tenir éloignée de toute conversation qu'une jeune fille ne doit pas entendre.

Toute lecture de romans doit être sévèrement proscrite. Nous signalons ce danger en première ligne. Que d'unions troublées et même rompues, parce que la jeune fille n'a pas rencontré dans son mari le héros imaginaire de ses lectures !

Un autre écueil encore, c'est la passion du « paraître » qui sévit de nos jours à tous les échelons de la société. Les parents sont en cela les premiers coupables. Ce sont eux qui donnent l'exemple de cette funeste manie de briller.

La jeune fille y est en quelque sorte dressée, façonnée par tout ce qu'elle voit, par tout ce qu'elle entend autour d'elle. L'on y parle souvent toilettes et plaisirs, et on lui en inspire le goût ruineux, bien avant son entrée dans le monde.

Une mère qui a souci de l'avenir et du bonheur de sa fille, se gardera de ces errements. Elle l'accoutumera de bonne heure aux idées d'ordre et d'économie ; elle lui enseignera à conduire sa maison, l'initiera aux plus minutieux détails du ménage. Tous ses efforts enfin auront pour but de faire de sa fille une digne et excellente compagne pour son futur mari, une digne et excellente mère pour ses enfants.

Comme dit un poëte :

Heureux est le mari dont la femme humble et sage
Elève ses enfants et règle son ménage.

DEVOIRS DES ENFANTS

Le premier devoir des enfants est de ne jamais oublier l'amour et le respect qu'ils doivent à leurs parents. S'en affranchir, c'est se montrer ingrat; c'est commettre la faute la plus déplaisante à Dieu, la moins pardonnable aux yeux du monde.

Quels que soient les torts des parents, il n'appartient pas aux enfants de les leur reprocher. Qui nous prouve que nous ne nous trompons pas, et que ces torts sont réellement fondés?

Ne jugeons pas, si nous ne voulons pas être jugés, a dit l'Évangile.

Ecartons tout nuage qui pourrait s'interposer entre nos parents et nous.

Si nous leur venons en aide, que ce soit avec la plus extrême délicatesse, afin de ne point les blesser.

Efforçons-nous de leur complaire. Entrons dans leurs goûts et leurs plaisirs, de même que dans leurs chagrins et leurs souffrances.

S'ils sont malades, prodiguons-leur tous nos soins.

Ne laissons jamais entrevoir les incommodités que nous pouvons en ressentir.

Entourons-les, jusqu'au dernier moment, de toutes nos tendresses, de toutes les consolations possibles.

Tout ce que nous ferons ici-bas pour nos parents, nous sera compté devant Dieu.

A L'ÉGLISE

Une des premières règles du savoir-vivre est de respecter les convictions de chacun, à plus forte raison ses croyances religieuses.

Vouloir pour soi la liberté de conscience tout en portant atteinte à celle d'autrui, c'est faire acte de despotisme.

Si vous entrez dans une église, dans un temple ou une synagogue, que votre maintien soit des plus convenables. Il n'y a qu'un sot ou un homme mal élevé qui puisse faire parade de son incrédulité.

Observez de tous points les pratiques des cérémonies auxquelles vous assistez, ne fût-ce que par respect humain.

N'est-il pas regrettable de voir de jeunes maris accompagnant leur femme à l'église, de grands écoliers accompagnés de leur instituteur, témoigner les uns et les autres par leur attitude distraite et ennuyée, qu'ils n'assistent au service divin que par complaisance ou contrainte ?

Et que dire aussi de ces femmes qui arrivent avec fracas et en grande toilette, au milieu des offices en dérangeant tout le monde, comme si elles ne venaient absolument que pour se faire remarquer ?

La première obligation, en entrant dans une église, est de prendre de l'eau bénite.

Si vous accompagnez une femme, c'est à vous de lui en offrir le premier.

Vous agirez de même envers un vieillard, un pauvre ou un infirme. L'âge et l'infortune ont droit à cette déférence.

Il serait inconvenant de refuser l'eau bénite parce qu'elle vous serait présentée par une personne d'un rang inférieur au vôtre. L'Eglise n'admet pas ces distinctions. Devant Dieu nous sommes tous égaux.

Les prêtres, de même que les ministres de toute religion, ont droit aux plus grands égards. A l'église comme ailleurs, on doit leur céder le pas. Ce n'est pas à l'homme que s'adressent ces hommages, mais aux fonctions qu'il remplit.

Il n'est pas d'usage de donner la main à un prêtre, encore bien moins à un évêque et à un cardinal. On demande leur bénédiction, et l'on baise l'anneau des prélats.

Les esprits forts, quand ils sont polis, ce qui ne se rencontre pas toujours, se bornent à un simple salut.

A PROPOS DES PRÉSENTATIONS

Revenons sur ce chapitre pour ajouter quelques conseils et renseignements nouveaux :

Ne faites jamais de présentations à un personnage considérable, sans qu'il vous y ait préalablement autorisé.

En général, on ne doit présenter deux personnes l'une à l'autre qu'après les avoir consultées séparément.

C'est toujours la personne la plus jeune qu'on présente à la plus âgée, l'inférieur à son supérieur.

On présente un homme à une femme, et jamais une femme à un homme, à moins qu'il n'occupe une position très élevée ou qu'il n'appartienne au clergé.

Voici la formule en usage :

Si c'est un homme qui fait la présentation :

— « J'ai l'honneur de vous présenter Monsieur ou Madame (puis on ajoute les nom et titres de la personne).

Si c'est une femme, elle dira :

— « Permettez-moi » ou : « Veuillez me permettre, etc. », et jamais : « J'ai l'honneur », etc.

L'homme présenté saluera respectueusement, la femme s'inclinera gracieusement, et tous deux répondront par quelques paroles aimables à l'accueil qui leur est fait.

Lorsqu'il règne une certaine familiarité, ou qu'il s'agit de procéder rapidement, on se contente de nommer les personnes l'une à l'autre. C'est ce qui a lieu le plus ordinairement.

Quand on présente quelqu'un à un personnage élevé, on ne nomme jamais celui-ci.

DES PRÉSÉANCES

Nous avons eu déjà l'occasion de faire observer combien il est difficile, dans une grande réunion, de placer son monde au mieux et à la satifaction de chacun.

Entrons à ce sujet dans quelques détails :

Les places d'honneur sont celles qui se rapprochent le plus du maître et de la maîtresse de la maison, en commençant par la droite. Ainsi la femme la plus notable ou la plus âgée, s'assiéra à la droite du maître du logis, et le personnage à qui l'on veut faire honneur, à la droite de la maîtresse.

A leur gauche, prennent place les autres invités, par ordre de rang et d'âge, en ayant soin d'alterner les sexes.

Rien de plus simple et de plus facile en apparence ; cependant lorsqu'on vient à l'application de ces *petites grandes choses*, l'on est souvent fort embarrassé.

En pareil cas, ce qu'il y a de mieux à faire, c'est de s'en référer aux règles prescrites par le décret de messidor an XII. En voici un extrait succinct, mais suffisant pour se guider :

La première place, la place d'honneur, appartient aux cardinaux, aux ministres de l'État, aux maréchaux, aux amiraux.

Immédiatement après viennent :

Le général commandant en chef; le premier président de cour; l'archevêque; le général de division; le préfet, — à moins que celui-ci ne soit conseiller d'État, auquel cas il passe avant le général; puis l'évêque, puis le général de brigade, puis le maire de la localité.

En ce qui concerne la magistrature, celle qui est assise a le pas sur la magistrature debout. C'est d'abord le président de la cour de cassation avec les membres de la cour; ensuite le conseil d'État et les procureurs généraux; puis la cour d'appel, ses avocats et ses avoués; les tribunaux civils avec leurs avoués, les greffiers et huissiers.

S'il arrive qu'il y ait cumul de fonctions, c'est naturellement la plus élevée qui fait titre et passe la première.

A égalité de grades dans l'armée, la préséance revient de droit à l'ancienneté du grade.

Les femmes bénéficient de la position hiérarchique de leur mari.

Notons en passant que si l'armée a le pas sur la magistrature, cette préséance est tout individuelle.

En tant que corps constitué, dans les cérémonies publiques, l'armée ne vient qu'après la magistrature.

C'est l'application du vieux principe : *Cedant arma togæ.*

Notons aussi que, dans les réunions privées, toutes deux, par un juste sentiment des convenances sociales, se font un devoir de toujours céder la place d'honneur à un prélat, et même à un simple curé. C'est un hommage respectueux que l'on rend à la robe du prêtre, au ministre du Très-Haut.

L'ENTRÉE DANS LE MONDE

C'est le rêve que les jeunes filles caressent avec le plus d'amour. Elles soupirent après ce bienheureux jour, comme les collégiens après leur sortie du collège.

Jusque là, la jeune enfant a été tenue en charte privée, elle a vécu fort retirée. C'est à peine si, à de rares intervalles, on lui permettait de paraître un instant au salon. Ses distractions, ses seuls plaisirs, se bornaient à quelques matinées, goûters et soirées, à quelques sauteries chez les camarades de son âge; mais le temps a marché. La petite fille est devenue une grande demoiselle. Il faut songer à l'établir, lui trouver un parti convenable, avantageux. Pour cela, il est indispensable de la mener dans le monde, de l'y présenter. Grosse affaire, affaire d'État, qui demande une longue et laborieuse préparation.

Chaque matin, on voit arriver le maître de danse et de maintien dont c'est la mission de parfaire sur ce point l'éducation de la jeune personne. Il lui fait répéter ses pas, lui enseigne le laisser aller des mouvements, les poses gracieuses, les différents saluts et révérences, la manière de tenir son mouchoir et son éventail, d'appuyer en valsant le bras gauche sur l'épaule de son cavalier, etc.

Puis, c'est la mère qui vient apporter l'appui de son expérience et de ses conseils. Elle initie sa fille aux petits secrets de la coquetterie permise; elle l'éclaire, la met en garde contre les surprises, contre les ruses et les propos des galants trop empressés; elle lui apprend le langage et les formules voulus dans telle ou telle circonstance.

Toutes deux ensuites passent en revue les différentes toilettes, se creusent la tête pour en imaginer, en combiner une, dont la simplicité et l'élégance exquise soient de nature à soulever l'admiration, à conquérir tous les suffrages. Quand on est à la veille d'affronter les feux de la rampe, l'on ne saurait trop soigner son entrée en scène.

Enfin le grand jour est arrivé. La jeune fille fait son entrée au bras de son père qui la présente à ses amis intimes et à ses connaissances. On l'entoure, on la fête avec l'enthousiasme qui accueille d'habitude toutes les nouveautés.

A partir de ce jour, elle a pris rang sur la liste des demoiselles à marier. Les candidats-maris peuvent la rechercher et s'offrir.

Il s'opère alors dans son existence une de ces métamorphoses aussi rapide qu'un changement à vue dans une pièce féerique. On la traite avec tous les égards, toutes les convenances que commande sa situation nouvelle. Elle est de toutes les réceptions, de toutes les fêtes, de tous les grands dîners; elle aide sa mère à faire les honneurs du salon;

elle l'accompagne partout, dans ses visites, au théâtre, au concert, etc.

Désormais, lorsqu'on remettra une carte pour *Madame*, on aura bien soin d'en joindre une pour *Mademoiselle*; son nom enfin sera inscrit sur toutes les lettres d'invitation.

Maintenant que la voilà lancée dans le tourbillon du monde et des plaisirs, il ne nous reste qu'à former des vœux pour son bonheur, qu'à lui souhaiter de trouver le plus tôt possible un mari — selon son goût et selon son cœur.

LE BAL

Quel bonheur de bondir, éperdue en la foule,
De sentir par le bal ses sens multipliés,
Et de ne pas savoir si dans la nue on roule
Si l'on chasse, en fuyant, la terre, ou si l'on foule
Un flot tournoyant à ses pieds.

VICTOR HUGO.

A Paris, les bals commencent fort tard.

Votre invitation porte onze heures. Il y aurait indiscrétion à venir avant, et impolitesse à se présenter trop tard : ce serait témoigner peu d'empressement.

A votre entrée, vous avez rendu vos hommages au maître et à la maîtresse de la maison. Vous circulez dans le salon et saluez successivement les personnages de votre connaissance. Un coup d'œil rapide, jeté sur les banquettes, vous a fait distinguer les femmes et les jeunes filles auxquelles, par devoir ou par tout autre motif, vous devez adresser vos premières invitations.

Empressez-vous, vous n'avez que le temps, voici l'orchestre qui prélude. N'oubliez pas les formules voulues :

« Madame, ou Mademoiselle, oserai-je espérer que vous voudrez bien me faire l'honneur, etc.; —

ou serai-je assez heureux pour obtenir la faveur,
etc. »

, La personne vous répondra affirmativement,
ou, si elle était déjà engagée, elle exprimera ses
regrets de ne pouvoir accepter.

Elle se lève, vous déposez votre chapeau sur son
siège, ou votre épée, si vous êtes militaire; vous
offrez votre bras droit et, tous deux, vous allez
prendre place.

Lorsque la danse est finie, vous reconduisez votre
partenaire que vous saluez très respectueusement.
Elle répond à votre salut par une profonde révérence.

Il serait indiscret à un cavalier d'inviter plus de
trois fois dans la même soirée une femme ou une
demoiselle, à moins d'être en petit comité et qu'il
n'y ait pénurie de danseurs.

Cette réserve qu'exigent les convenances, n'est
pas obligatoire pour les jeunes gens qui sont
fiancés.

Un cavalier ne doit pas passer son bras autour
de la taille d'une demoiselle, cela n'est permis
qu'envers une femme mariée. Il posera donc sa
main à plat au milieu du dos, et ne tiendra pas sa
danseuse trop rapprochée de lui.

Celle-ci, de son côté, ne s'abandonnera pas sur
l'épaule de son valseur, pas plus qu'elle ne se
rejettera trop en arrière. Ces deux extrêmes sont
à éviter.

Toute danseuse est tenue d'agréer indistinctement ceux qui se présentent. Elle apportera la plus
grande attention à ne pas prendre deux engage-

ments pour la même danse, et si, par mégarde, elle avait commis cette maladresse, le seul moyen de la réparer, serait de s'abstenir pour cette fois, et de demeurer assise.

Quant au cavalier, assez oublieux pour laisser se morfondre une personne qu'il aurait invitée, il s'expose à de fâcheuses conséquences :

« Un si blessant oubli ne saurait s'excuser. »

TOILETTE DES FEMMES

« Une Parisienne pour se parer, dit Voltaire, ne craint pas de mettre à contribution les quatre parties du monde. »

Cette profusion de richesses ne suffit pas toutefois à constituer la véritable élégance : il faut savoir en outre assortir avec goût ces éléments divers, et en former un ensemble harmonieux qui ait son style à soi, son cachet particulier.

Toutes les femmes possèdent ce secret à un degré plus ou moins intime, et toutes en font un usage plus *ou moins* raisonnable, plus ou moins dispendieux. L'on ne saurait donc leur recommander avec trop d'insistance la modération en matière de toilette :

Que toujours elles la règlent sur la fortune qu'elles ont, sur la position qu'elles occupent.

Ni trop de luxe, ni trop de simplicité;

Ni trop d'avance, ni trop de retard sur les modes courantes : **c'est entre ces extrêmes qu'il est sage de se placer.**

TOILETTE DES HOMMES

Le vêtement des hommes n'exige pas de folles dépenses. Il demeure toujours aussi noir, aussi triste, aussi disgracieux. Mais c'est précisément cette uniformité désespérante qui le rend si difficile à porter. Quelle élégance fine, quelle recherche laborieuse ne faut-il pas pour se distinguer du commun des martyrs !

Le vulgaire s'attife, se charge, se bâte, l'homme du monde seul sait s'habiller.

L'homme du monde a des grâces de tenue comme d'autres ont des grâces d'état. Il pare ses vêtements, les chiffonne, les assouplit à tous les mouvements de son corps ; il sait imprimer à son habit, à son gilet un chic, un je ne sais quoi qui lui appartient en propre.

Très sobre de bijoux, il abandonne volontiers ce faux éclat, cet affichage de chaînes et de breloques aux courtiers enrichis. A ce propos, que vont devenir ces pauvres hères, si on leur enlève cet unique moyen qu'ils ont de se faire remarquer ? Voici ce qu'on lisait, il y a quelque temps, dans un journal de haut high-life :

« C'est une faute de goût de porter une chaîne, quelque précieuse qu'elle soit, dès qu'on se met en habit noir ; car paraître s'inquiéter de l'heure dans un salon est une impolitesse à l'égard du maître et de ses hôtes. »

Et le chroniqueur concluait en ces termes :

« Un manquement à cette règle de haute convenance suffit à classer, ou pour mieux dire, à déclasser son homme. »

Il y a peut-être là toute une révolution sociale. Mais il est bon d'attendre pour savoir si l'arrêt ne sera pas cassé.

Et, maintenant, quelques indications sur le vêtement des hommes, dans certaines réunions et cérémonies.

L'habit, le gilet et le pantalon noirs avec la cravate blanche, sont de rigueur dans les grands dîners, les bals et les soirées, les représentations théâtrales, toute réunion enfin où les femmes se montrent coiffées en cheveux et en robes décolletées.

Même tenue pour les messes de mariage, d'enterrement, et autres solennités officielles.

Pour une visite de condoléance, la redingote noire croisée et les gants foncés.

Une visite de jour qui n'est pas officielle, se fait en redingote.

Le gilet blanc a été abandonné dans toute toilette de cérémonie ; on ne le porte plus qu'avec la redingote croisée.

VISITES ET CARTES DE VISITE

Les visites du jour de l'an, les plus intimes comme les plus cérémonieuses, se font le jour même.

Il est admis, pour ce jour-là seulement, que les dames reçoivent à partir de dix heures du matin.

Les hommes doivent être en habit noir et cravate blanche.

Dans la matinée, les parents enverront les enfants présenter leurs vœux et bons souhaits à leurs ascendants, ainsi qu'aux parrains et marraines.

Au cours d'une visite, quand une autre personne se présente, ne vous levez pas immédiatement; attendez deux ou trois minutes.

Ne sortez jamais en même temps qu'une jeune femme pour ne pas donner prise à la médisance.

Si la personne que l'on va voir, a un jour déterminé pour ses réceptions, c'est ce jour naturellement qu'il faut prendre.

A moins d'intimité, l'on ne fera point de visite le Vendredi-Saint, le jour des Morts, le mercredi des Cendres, et même la veille des grandes fêtes religieuses. C'est un usage reçu dans la Société.

Une visite de cérémonie ne doit pas se prolonger au delà de vingt minutes.

Quand on se présente dans une maison, on doit soulever son chapeau en s'adressant à la personne qui vient ouvrir, et l'ôter en entrant dans l'antichambre. C'est une marque de respect envers les maîtres du logis, à laquelle il serait inconvenant de manquer.

Les fonctionnaires civils qui arrivent dans une ville pour s'y fixer, les militaires pour y tenir garnison, sont tenus de rendre visite à leurs supérieurs, dans le plus bref délai.

Il n'en est pas de la remise des cartes de visite comme des visites elles-mêmes.

L'envoi des cartes doit toujours être fait pour le premier de l'an, à moins d'un empêchement sérieux.

Nous avons déjà dit que la carte ne dispensait pas de la visite, mais on ne saurait trop le répéter.

La politesse veut que l'on dépose sous enveloppe autant de cartes qu'il y a de personnes dans la famille, avec les nom et prénom de chacune d'elles.

Une femme n'en remet que pour les personnes de son sexe.

Le mari et la femme doivent avoir des cartes séparées et des cartes collectives.

Un homme ne fera jamais précéder son nom du mot Monsieur. Il mettra l'initiale de son prénom et ajoutera sa profession.

Une femme, au contraire, placera toujours le titre de Madame avant son nom, et ne prendra jamais d'autre prénom que celui de son mari.

La carte collective portera : Monsieur et Madame ***.

On doit porter soi-même sa carte chez un supérieur ou un personnage important.

Chez les hauts fonctionnaires, les dignitaires de l'État, il y a un registre ouvert chez le concierge où les hommes s'inscrivent. Une femme peut envoyer sa carte.

Si l'on a oublié quelques personnes sur la liste de ses visites, il faut réparer cet oubli aussitôt qu'on s'en aperçoit.

Une carte que l'on dépose par simple politesse, ne doit porter ni corne ni pli.

C'est seulement lorsqu'on se présente avec l'intention de faire une visite, et que l'on ne rencontre personne, qu'il faut marquer sa carte d'un pli transversal, sur le côté gauche.

Pour une visite de condoléance, après décès, ce sera de l'autre côté, à droite, et en sens contraire.

A toutes les politesses que l'on peut recevoir, telles qu'invitations, lettres de faire part pour un événement quelconque, on doit répondre par une visite ou tout au moins par la remise d'une carte.

Si, après une visite qu'on a reçue, on juge à propos de ne pas lier de relations avec le visiteur, on lui envoie simplement sa carte.

Quittez-vous votre résidence pour un laps de temps assez long, remettez une carte chez vos amis et chez vos connaissances, avec ces trois lettres au bas — P. P. C. c'est-à-dire Pour prendre congé.

On fera connaître son retour par l'envoi d'une nouvelle carte avec son adresse.

A TABLE

Nous **ne rééditerons** pas ici toutes les infractions au savoir-vivre notées dans la conversation si connue de l'abbé Delisle avec l'abbé Cosson. Les usages se modifient sans cesse. Pour n'en citer qu'un exemple, il était admis alors qu'on devait briser sur son assiette la coquille d'un œuf mangé à la coque. Aujourd'hui cette petite opération, assez déplaisante et malpropre en soi, serait fort mal vue.

Nous nous bornerons donc aux recommandations les plus essentielles, aux choses que peut ignorer un écolier en rupture de ban ou de bancs.

Dès que vous vous êtes assis à table, prenez une attitude décente et convenable.

Evitez de gêner vos voisins par des mouvements trop brusques.

Ne mettez pas vos coudes sur la table.

Ne vous balancez pas sur votre chaise ; ne vous appuyez pas sur le dossier.

N'agitez pas vos pieds sous la table.

Si votre potage est trop chaud, attendez qu'il soit refroidi ; ne soufflez pas dessus.

Laissez votre cuiller dans votre assiette, et soulevez toujours celle-ci, pour faciliter son enlèvement par le domestique de service.

Quand on vous présente un plat, servez-vous avec discrétion ; n'ayez pas l'air de faire un choix.

Tenez votre fourchette de la main gauche, et votre couteau de la main droite.

Coupez votre viande par petits morceaux, et mangez-les au fur et à mesure.

Ne portez jamais la lame du couteau à votre bouche.

Ne coupez pas votre pain, rompez-le au-dessus de votre assiette.

N'essuyez jamais la sauce qui est sur votre assiette avec de la mie de pain.

Ne parlez ni ne buvez la bouche pleine.

Ne mangez ni trop vite ni trop lentement ; mais n'eussiez-vous pas fini, laissez enlever votre assiette quand le domestique se présente.

Si l'on renouvelle l'argenterie à chaque service, comme cela se pratique dans certaines maisons, déposez votre fourchette et votre couteau sur l'assiette ; en cas contraire, replacez-les à côté de vous, mais de manière à ne pas salir la nappe.

N'essuyez jamais votre verre avec votre serviette. Ce serait une accusation tacite de malpropreté contre le service de la maison.

S'il vous arrivait de trouver un cheveu dans un mets, gardez-vous de le faire remarquer, afin de ne point dégoûter les convives.

Le gibier vous paraît-il trop faisandé, le poisson un peu avancé ? N'en mangez pas, et si l'on vous

demande la raison, dites que vous n'aimez point
cette espèce de gibier ou de poisson.

Ne vous servez jamais des mots de bouilli, au
lieu de bœuf ; de volaille, au lieu de poularde ou
de dinde ; de bordeaux, de bourgogne, de champagne, au lieu de vin de Bordeaux, vin de Bourgogne, vin de Champagne.

Quand le maître ou la maîtresse de la maison
font les honneurs de la table, et que l'un d'eux
vous envoie une assiette servie, conservez-la ; ce
serait une impolitesse que de l'offrir à votre voisin.

Ne critiquez jamais un plat ; n'établissez jamais
de comparaison avec un mets semblable que vous
auriez mangé ailleurs et qui vous aurait paru de
meilleur goût.

Ne buvez pas sans vous être bien essuyé les
lèvres, afin de ne pas graisser les bords de votre
verre, ce qui est très malpropre à voir.

Ne faites ni tartines de beurre, ni tartines de con-
fitures. La tartine de beurre n'est admise qu'au
déjeuner avec le thé.

Ne flairez pas votre vin, ne le dégustez pas à petites gorgées comme un marchand de l'Entrepôt.

Il n'y a que les commis-voyageurs qui frappent
avec la paume de la main un verre à vin de Champagne pour en faire jaillir la mousse, au risque de
casser le verre et de se blesser grièvement.

Ne vous avisez pas de faire brûler votre eau-de-
vie dans la tasse à café ou dans la soucoupe. Cela
n'est de mise qu'au cabaret ou à l'estaminet.

Au dessert, ne mettez jamais ni bonbons ni

friandises d'aucune sorte dans votre poche, c'est contraire à toutes les convenances.

Une poire ou une pomme ne se pèlent jamais en spirale. On les divise longitudinalement d'abord, puis en quatre quartiers que l'on pèle, à mesure qu'on les mange.

Gardez-vous d'offrir à une dame de partager un fruit que vous auriez sur votre assiette. Ce procédé serait trop cavalier.

Il peut arriver cependant qu'il n'y ait pas assez de fruits pour tout le monde. Dans ce cas, c'est la plus forte partie de la poire, celle à laquelle adhère la queue, que l'on doit offrir.

Ne parlez jamais bas, et d'un air mystérieux, à l'oreille de votre voisine ; c'est tout à fait de mauvais ton.

Ajouterons-nous qu'il ne faut jamais désigner personne avec le doigt ?

Si un usage vous est inconnu, observez comment font les autres convives, ne vous exposez pas à commettre quelque incongruité par trop de précipitation. Rappelez-vous ce pauvre garçon fraîchement émoulu du collège, à qui l'on avait servi à la fin du repas un bol d'eau tiède, parfumé d'un peu d'essence de menthe, et qui l'avala d'un trait en croyant faire comme tout le monde.

AU THÉATRE

Le respect d'autrui devrait être la mesure et la règle de toute liberté. Malheureusement, par ce temps de démocratie dévergondée, une foule de gens se figurent qu'être libres, c'est pouvoir agir à sa guise et sans aucun égard pour les convenances des autres.

Ainsi, au théâtre, le rideau est levé. Un monsieur arrive en retard. Il dérangera sans vergogne quinze, vingt assistants, vous rudoiera les genoux pour gagner sa place. Si vous vous permettez la plus petite observation, il vous répondra qn'il a payé sa place et qu'il a le droit d'arriver à son heure.

Autre exemple :

Le spectacle tire à sa fin. Il y a encore deux ou trois scènes à jouer. Cependant vingt, quarante, cent personnes se lèvent à la fois, font un vacarme d'enfer, et empêchent les autres spectateurs d'entendre le dénouement. Ces messieurs le connaissent, et ils vous brûlent la politesse. A leurs yeux, le fait d'avoir payé en entrant implique tout, répond a tout.

Ainsi le veut la liberté... républicaine !

Que d'autres griefs il y aurait encore à porter au compte de ces fâcheux mal-appris !

Les uns mâchonnent un cure-dent pendant toute la représentation, sans pitié pour vos nerfs ; les autres battent la mesure à faux, au détriment de vos oreilles. Ceux-ci fredonnent à satiété l'air du chanteur ; ceux-là se mouchent à grand bruit, tandis que l'amoureuse et l'amoureux s'évertuent à moduler leurs plaintes ou leurs tendres déclarations, etc, etc. Elle serait longue la liste des *et cœtera.*

Vraiment, c'est à vous faire prendre le théâtre en aversion.

FUMEURS ET PRISEURS

Les parents ne sauraient apporter trop de soins, trop de vigilance à empêcher leurs enfants de priser ou de fumer. Ceux-ci le font d'abord par amusement, puis ils s'y accoutument, et il leur devient fort difficile par la suite, pour ne pas dire impossible, de se défaire de cette funeste habitude.

Les priseurs sont tenus à une excessive propreté. Ils doivent toujours se munir de deux mouchoirs : l'un de couleur, pour leur usage particulier, l'autre en toile blanche qu'ils peuvent exhiber au besoin.

Il est très impoli de prendre ou de demander une prise, de même qu'il est de très mauvais ton d'en offrir une.

On doit s'abstenir de priser à table, et si toutefois on ne peut s'en dispenser, prendre bien garde alors de ne pas laisser tomber du tabac sur la nappe.

Quand vous êtes chez quelqu'un, ne posez jamais votre tabatière sur un meuble, pas plus que votre chapeau.

Un jour M. de Corbière, ministre de l'intérieur, était venu soumettre à Louis XVIII un projet de loi, dont il s'efforçait de faire ressortir les avantages. Entraîné par la chaleur de l'argumentation, il s'oublia jusqu'à déposer sa tabatière et son mouchoir sur le petit meuble qui servait de bureau à Sa Majesté.

— Ah ça, mon cher ministre, s'écria tout à coup le roi qui était très sévère sur l'article de l'étiquette, vous n'allez pas, je pense, vider toutes vos poches devant moi.

— Sire, répondit M. de Corbière après s'être excusé, je le pourrais en tout bien tout honneur, car l'on ne m'accusera point de les avoir emplies au service de Votre Majesté.

— C'est bien ! reprit Louis XVIII avec bonté, continuons la lecture.

Quant aux fumeurs, que pourrions-nous ajouter à ce que nous avons déjà dit ? Leur recommander de s'abstenir de fumer dans tout lieu public où des femmes peuvent se présenter, quand bien même il n'y en aurait pas pour le moment. Ils ne l'ignorent point, et s'ils n'en font rien, c'est qu'il leur plaît de passer outre envers et contre toutes les convenances.

Le temps n'est plus, hélas ! où une dame a pu répondre à la personne qui lui demandait si la fumée l'incommodait :

— Je n'en sais rien, Monsieur, car l'on n'a jamais fumé devant moi.

Aujourd'hui le cigare a pénétré partout. Il a conquis le boudoir, la salle à manger ; on prétend même qu'il a forcé les portes de quelques salons. Ce n'est peut-être là qu'une calomnie ; mais gare que demain ce ne soit une vérité !

EN VOYAGE

Les voyageurs sont astreints à des égards et à des concessions réciproques, — par politesse d'abord, et ensuite par intérêt personnel, — s'ils veulent alléger les ennuis et les fatigues du parcours.

Chacun doit ranger ses bagages dans les filets ou grillages, ou sous la banquette.

Il n'a droit qu'à l'espace correspondant au-dessus et au-dessous de la place qu'il occupe.

Abstenez-vous de manger en wagon ou en voiture publique, à moins d'une nécessité absolue; et faites-le alors avec discrétion et le plus promptement possible.

Vous n'êtes pas libre, en effet, d'incommoder vos voisins de l'odeur et de la vue de vos victuailles et épluchures.

Vous ne l'êtes pas davantage de les interroger à tout bout de champ, non plus que d'entamer à haute voix des conversations sur vos propres affaires, qui ne peuvent intéresser d'aucune manière les assistants.

Il s'élève assez fréquemment des contestations au sujet des glaces que les uns veulent tenir ouvertes et les autres fermées.

Beaucoup de gens se figurent qu'ils ont la libre

disposition de la fenêtre près de laquelle ils sont placés — cela arrive surtout en wagon. Eh bien ! c'est une erreur complète. Votre vis-à-vis, qui est là au même titre que vous, a parfaitement le droit d'être d'un avis contraire au vôtre.

Il faut donc que chacun y mette du sien.

Deux choses seulement sont exigibles : la fermeture de l'une de deux fenêtres quand il y a un courant d'air ; et, d'autre part, l'abstention de fumer.

Du reste, la politesse la plus élémentaire nous fait un devoir de déférer sur-le-champ à la demande d'une dame ou de toute personne qui se déclarerait incommodée.

Il est toujours galant et de bon ton d'offrir le coin que l'on occupe à une dame ou à un vieillard ; mais on peut s'en dispenser, lorsqu'on se trouve en famille, et placé à côté de l'un des siens.

AUX EAUX

Les eaux sont devenues un des besoins impérieux de la vie moderne. Cela s'explique. Il y a de si bons arguments, de si excellentes raisons en faveur de ce déplacement annuel. Le docteur n'a-t-il pas ordonné l'eau et les senteurs de la mer, l'usage de telle ou telle source thermale, pour refaire la santé affaiblie de Madame, et fortifier la complexion si frêle des enfants ?

Les eaux ont pour cela, — nul ne l'ignore, — des qualités spécifiques, des vertus souveraines. Elles guérissent de toutes les maladies, même de celles qu'on n'a pas, — de celles-là surtout.

Autre considération non moins prépondérante :

Dans les stations balnéaires, les femmes n'ont plus à s'occuper des soins fastidieux du ménage. Elles sont en pleine possession d'elles-mêmes, affranchies du contrôle marital, en un mot, libres comme l'air.

Les maris sont retenus à la ville par leurs affaires, quelques-uns par d'autres obligations qui, pour être plus légères, n'en sont pas moins attachantes. Tout au plus, peuvent-ils se permettre une visite hebdomadaire, ou semi-mensuelle ou seulement mensuelle ; cela dépend de la distance. Ils montent en chemin de fer, le samedi, en sortant de la Bourse, et s'en reviennent, le surlendemain ou plusieurs jours après, reprendre le harnais.

C'est ce que l'on appelle, en langage boursier, mener de front les affaires et les convenances conjugales.

Donc, en présence de la liberté si complète et de l'isolement que cette situation fait aux femmes, peut-être n'est-il pas hors de propos de soumettre ici quelques observations et recommandations.

La première de toutes, c'est de s'observer rigoureusement, de ne se lier qu'avec des personnes dont on connaît l'origine, ainsi que la situation présente. Mais, s'écriera-t-on, l'on ne va pas aux eaux pour se condamner à la vie claustrale, et se priver de relations plus ou moins agréables, qu'après tout on n'est pas tenu d'emporter avec soi, bouclées dans sa valise. Eh bien ! c'est ce qui vous trompe. Vous envisagez les choses trop légèrement.

Parmi ces rencontres fortuites, il se trouvera naturellement des gens honorables. Vous les avez admis par circonstance, pour les besoins et les distractions du moment, quoique n'étant pas de votre monde ; eux, ont pris cet accueil au sérieux et, de retour à Paris, ils ne manqueront pas de vous rendre visite. Comment ferez-vous pour les évincer ? Si vous leur refusez votre porte, — autant d'ennemis mortels : leur amour-propre blessé ne vous le pardonnera jamais.

Mais ce n'est pas là que gît le plus grand danger. Admettons pour un instant que vous avez eu le malheur de tomber sur un ménage interlope, ou sur quelqu'un de ces aigrefins, homme ou femme, qui font métier de capter la confiance des familles pour s'en parer en public, et exploiter le reflet de leur honorabilité. Vous vous êtes laissé prendre à des dehors séduisants, vous avez été circonvenu, sans aller toutefois jusqu'à l'intimité. Toutes les apparences sont contre vous, vous voilà compromis : vous en subirez les conséquences.

L'on ne saurait donc être trop circonspect dans ses relations de villégiature, même les plus passagères. Se tenir sur une extrême réserve, apporter beaucoup de tact et de jugement dans sa conduite, — telles sont les règles à suivre. Ne vous modelez pas sur ce qui se pratique dans les salons de Paris, les conditions de la vie balnéaire sont tout autres.

Ainsi, par exemple, une jeune personne ne devra point accepter, dans un bal de casino, l'invitation d'un cavalier qui n'a pas été présenté à ses parents. Jamais elle n'ira seule au salon; elle n'y restera que très peu de temps, afin de n'être pas exposée à entendre certaines conversations, et à se voir adresser la parole par le premier venu.

Mêmes recommandations en ce qui concerne les tables d'hôte, où il règne un ton familier de mauvais goût, et parfois très embarrassant.

Toute mère prudente, toute jeune femme qui n'est pas accompagnée, feront bien de prendre leurs repas dans leur appartement.

TABLE DES MATIÈRES

www.ingramcontent.com/pod-product-compliance
Lightning Source LLC
Chambersburg PA
CBHW072232270326
41930CB00010B/2093